SOUS LES ÉTOILES GITANES

CHICO

Avec Mathieu Perez

SOUS LES ÉTOILES GITANES

Robert Laffont

Éditions Robert Laffont, S.A.S., Paris, 2024
ISBN : 978-2-221-27451-4
Dépôt légal : octobre 2024
Éditions Robert Laffont – 92, avenue de France 75013 Paris
serviceclients@lisez.com

1

Un enfant de la Méditerranée

Chaque matin, je me levais avant mes frères et sœurs. Ma mère était déjà dans la cuisine pour préparer le petit déjeuner, et fredonnait des chansons de son pays. Je veillais à rester discret pour ne pas l'interrompre. Quelque chose dans sa voix orientale me touchait profondément. C'était comme une prière murmurée à l'aube. Parfois joyeuses, parfois empreintes de mélancolie, ses mélodies semblaient traduire les émotions du moment.

Une fois, je l'ai surprise en larmes. Quand je lui ai demandé ce qu'il se passait, elle m'a simplement répondu : « Rien. » Je savais que c'était son pays qui lui manquait, même si elle ne le disait pas. Pendant ce temps, la Cocotte-Minute ronronnait sur la cuisinière. Ce son familier voulait dire que tout allait bien.

Puis, la fratrie se réveillait. On se rassemblait autour de la table. La chanson s'évaporait, et ma mère passait à autre chose. La journée commençait ainsi, avec la mélodie de nos origines.

Comme tout bon immigrant, mes parents aspiraient à ne pas attirer l'attention. Avec moi, c'était raté. Dès le début, je n'ai pas supporté cette hantise qu'ils avaient. Pour eux, il fallait être invisible. Ma mère avait toujours peur pour nous. Mon père était assis dans son fauteuil, l'oreille collée à son vieux poste de radio qui grésillait, le volume si bas qu'on n'entendait rien. « Surtout ne pas déranger les voisins », répétait-il. Mais la musique du pays que diffusait sa radio, il n'en perdait pas une miette. C'est ce qui le reliait à sa terre.

Mon père s'appelait Mohamed Bouchikhi, ma mère, Mama Bouchikri. Si leurs noms se ressemblent, c'est qu'ils descendent de la même tribu. On m'a raconté que la lignée remonte au compagnon de Mahomet, Abou Bakr As-Siddiq. Une filiation impressionnante ! Et une mère qui s'appelle Mama, ça ne s'invente pas. Combien de fois on m'a demandé : « Comment s'appelle votre maman ? » Mama. « Non, sérieusement, quel est son vrai nom ? »

Mohamed vient d'Oujda, au Maroc ; Mama, d'Hennaya, en Algérie. Les deux villes se trouvent à une cinquantaine de kilomètres l'une de l'autre et sont séparées par une frontière, mais c'est la même région. Leur famille avait arrangé leur mariage, comme cela se faisait chez eux.

La vie étant rude dans leur région natale, ils ont décidé de rejoindre, en 1951, les sœurs de ma mère, déjà installées à Arles. Pourquoi à Arles ? Je l'ignore. Je ne peux pas imaginer être né ailleurs qu'ici.

J'ai vu le jour le 13 octobre 1954. Nous sommes sept dans la famille, et je suis l'avant-dernier, répondant au prénom de Jahloul. On n'a pas connu les baraques en bois où ont longtemps vécu mes tantes. L'armée américaine les avait construites au stade Robert-Morel après le Débarquement. Durant des années, des immigrés maghrébins y étaient parqués. Ils vivaient sans eau ni électricité et essayaient d'en arranger l'intérieur comme ils pouvaient. J'ai tout de même un vague souvenir de ce campement, lorsqu'une fois, on est allés rendre visite à mes tantes. Elles s'éclairaient avec des lampes à huile. Quand il pleuvait, il y avait de la boue partout, et on revenait couverts de gadoue.

Mes parents ont échappé à ça. Ils ont trouvé un vieil appartement en plein centre-ville, rue Nicolaï, à deux pas de la place du Forum. Mais ce dont je me souviens vraiment, c'est de Pont-de-Crau, un village à l'extérieur d'Arles, où j'ai passé ma petite enfance.

On vivait dans une vieille bâtisse à deux étages. L'image du carrelage rouge au sol et de la grande cheminée m'est restée. On était au deuxième, avec vue sur la RN 113, la route qui mène à Marseille. L'autoroute n'existait pas encore. Des voitures passaient sans arrêt, jour et nuit, créant un bruit de fond constant.

Dans les années 1950, c'était la campagne. Le soir, j'allais avec mes sœurs chercher du lait chez le fermier, après la traite. On achetait des œufs aussi, et du gasoil. Porter dix litres sur trois kilomètres était pénible, un vrai cauchemar. On s'en mettait partout. On était contents de se chauffer en hiver, mais on savait ce que ça nous coûtait.

Une fois par semaine, ma mère nous emmenait à la douche municipale, à cinq kilomètres. Pour nous, c'était l'occasion de retrouver nos tantes et nos cousins. L'autre rendez-vous, c'était au marché d'Arles. Ma mère faisait le trajet à pied tandis que mon père se déplaçait à vélo pour récupérer les courses. Ils étaient vaillants.

Quand je repense à ma petite enfance, je revois ma mère aux fourneaux : un couscous, du pain maison, des gâteaux traditionnels, elle cuisinait toute la journée. Quand elle nous servait, la table était colorée comme un tableau de maître ! Elle faisait des miracles avec trois fois rien. Quand des amis de mon père ou de la famille venaient, c'était la fête.

J'aimais par-dessus tout lorsqu'elle préparait les repas avec mes tantes. J'adorais écouter ce qu'elles se racontaient, les histoires du pays ou les nouvelles du jour. Elles avaient une façon de nous faire vivre ce qu'elles disaient, de décrire les personnages, de mimer les scènes. Avec elles, pas besoin de lire des livres, on était dedans. Et ma mère avait toujours le bon mot pour faire rire. Comme chacune d'elles avait une famille nombreuse, elles cuisinaient de grandes quantités et parlaient durant des heures.

À la maison, il y avait un rituel : l'heure du thé à la menthe, en fin d'après-midi. Ma mère posait sa théière orientale sur la *mida*, la petite table ronde marocaine, et nous servait des gâteaux de semoule qu'elle avait passés à la poêle. Mon père trempait des morceaux de pain rond qu'il avait rapporté de la boulangerie arabe. Je ne me souviens pas d'autres objets à la maison qui rappellent le pays. Mes parents n'en avaient pas besoin. Le pays, c'était eux.

Ils pensaient rester en France quelques années puis repartir. Pendant longtemps, ils ont voulu retourner au bled. Jusqu'à leur majorité, mes frères et sœurs ont eu des papiers marocains ou algériens. Mes parents ont vite compris qu'on était français et qu'on était chez nous à Arles.

Sur sept enfants, trois sont nés en France. Ça peut sembler difficile à croire, mais, à part mes deux frères aînés, Ahmed et Bobby, aucun de nous ne maîtrise un mot d'arabe. Quand nos parents s'adressaient à nous dans leur langue, on leur répondait en français. Et comme ils parlaient très mal le français, ça nous faisait rire, nous, les sales gosses. Mon père vouvoyait tout le monde, même les enfants. Quand ma mère allait au marché, elle communiquait avec les mains. Bobby jouait souvent le rôle de traducteur.

Avec le recul, je regrette de ne pas avoir appris leur langue maternelle. Cela m'a enlevé une forme de communication avec eux. Et je n'ai donc pas su la transmettre à mes enfants.

En revanche, j'ai réussi à leur léguer le sentiment de reconnaissance que mes parents portaient. Mon père et ma mère avaient beau être l'alliance des contraires – lui, petit, elle, grande ; lui, fin, elle, ronde ; lui, silencieux, elle, loquace ; lui, sérieux, elle, aimant rire ; lui, discret, elle, dotée de charisme –, ils étaient empreints d'un profond sens de la gratitude, ce qu'ils exprimaient à travers le terme musulman *hamdoullah*, une façon de dire : « Merci, mon Dieu. »

Leur vie spirituelle était au centre de leur existence. Ils priaient cinq fois par jour. Quand ma mère est arrivée en France, elle portait le voile blanc traditionnel, s'habillait comme en Algérie. Je ne l'ai jamais vue sans les cheveux couverts par un voile ou un bandeau. Mes parents rêvaient d'aller ensemble à La Mecque. C'est le voyage d'une vie pour un musulman. À Arles, ils n'étaient pas nombreux à s'y être rendus.

Mon père est parti seul une fois. Quand il est revenu à Marseille après un mois en Terre sainte, on est allés le chercher, mes frères, sœurs et moi. Il rayonnait de joie, fier d'avoir accompli son pèlerinage. Maintenant qu'il était *hadji*, il portait une chéchia, le bonnet blanc de prière musulman, à la place de son béret habituel.

Il rêvait de retourner à La Mecque avec ma mère. Avec ma première paie, je leur ai offert les billets. Soudain, l'enfant terrible les rendait fiers. Au retour, ils me voyaient comme le messie ! Des années plus tard, grâce au succès des Gipsy Kings, j'ai pu offrir le voyage à ma tante Cherifa, qui est partie avec ma mère.

Malgré leur dévotion, mes parents n'ont jamais insisté pour que nous soyons pratiquants. Ils nous taquinaient parfois, mais ils nous ont laissé le choix. La foi, c'était leur histoire, pas la nôtre. Ils nous rappelaient simplement que l'islam était une religion de l'amour.

L'amour de mes parents, je l'ai mis à rude épreuve. Enfant, j'étais le seul à avoir droit aux roustes ! Mes frères et sœurs se tenaient à carreau. Moi, les carreaux, je les cassais avec mon lance-pierres. J'étais espiègle, comme disaient mes sœurs. Si une envie de bonbons me prenait, je flanquais un gros coup sur le distributeur et bingo, une cascade de sucreries. Mettre le feu à un tas de journaux ? Fastoche, même si je ne me doutais pas que le feu se propagerait aux alentours. J'étais le désespoir de ma mère. Si le lancer de chaussures avait été une discipline olympique, elle aurait été championne du monde. Une fois, elle a tenté de m'apprivoiser en me ligotant à une chaise. Pour elle, la droiture était tout. Malgré ses méthodes strictes et son talent inné pour les coups de ceinture, elle ne pouvait éteindre mon esprit taquin.

Peut-être parce que nous sommes des enfants d'immigrés, mes frères et sœurs et moi avons toujours cherché une autre culture pour trouver notre équilibre. J'ai embrassé la culture gitane, tandis que Chaib s'est tourné vers la culture provençale. Ahmed a vécu en Norvège, Bobby, aux États-Unis, et Maria et Zoubida sont parties vivre en Algérie avec leurs maris. Nos parcours nous ont menés vers des horizons différents, mais on n'a jamais oublié nos racines. Et c'est dans cette mosaïque de cultures que nos identités ont pris forme.

Les étés en Algérie y ont grandement contribué. C'est la seule fois de l'année où je voyais mes parents heureux. On se rendait dans le village natal de ma mère, Hennaya. Il fallait prendre le ferry à Marseille, le bateau de la misère ! On était tous entassés dans la cale, ma mère assise sur un siège en bois recouvert d'un tissu fatigué, nous, par terre. Quand les vagues secouaient le bateau sur la mer agitée, certains passagers se sentaient mal et vomissaient partout. La traversée durait un jour et demi. Arriver à Oran, c'était comme sortir du coma.

À l'époque, les voyages n'étaient pas aussi communs qu'aujourd'hui. Chaque départ était un événement. Mon oncle venait nous chercher dans sa petite 2 CV. Au village, toute la famille se rassemblait pour nous accueillir. On ne se doutait pas que nos parents se privaient pour qu'on parte en vacances.

On allait voir les oncles et les tantes dans différents villages, mais l'essentiel se passait à Hennaya. Pour les petits Arlésiens que nous étions, c'était exotique. J'adorais porter du pain dans le grand four collectif et voir les voisins signer le leur et l'enfourner à leur tour.

Les mariages étaient un vrai spectacle ! Les familles venaient de partout pour y participer. Le marié faisait son entrée à cheval, vêtu de manière traditionnelle. Les femmes dansaient d'un côté, les hommes, de l'autre. On entendait des chants et de la *derbouka*, ce tambour en forme de gobelet originaire du Moyen-Orient. Et, bien sûr, il y avait à manger pour un régiment. Ces festivités s'étendaient sur plusieurs jours. Et si un enterrement était prévu, on fêtait d'abord les mariés. La vie avait toujours la priorité. Lorsqu'on allait au cimetière se recueillir devant la tombe de mes grands-parents, ma mère et ses sœurs s'asseyaient par terre et discutaient. Nous, on jouait dans les allées.

À Hennaya, les voisins se connaissaient tous. Le soir, ils venaient manger à la maison ou on allait chez eux. Tout le monde partageait le peu de choses qu'il avait. La nuit, il faisait si chaud que je dormais sur la terrasse avec mes frères et mes cousins. On sortait les matelas et on regardait le ciel en se racontant des histoires. Les étoiles veillaient sur nous.

De temps en temps, on allait faire un tour à Tlemcen. Entrer dans le centre-ville, c'était comme se retrouver dans un tableau vivant. Il y avait la place principale avec la grande mosquée et le souk El Kaïssaria qui regorgeait de petites boutiques. Dans mon souvenir, des musiciens se trouvaient ici et là. Au Maghreb, on ne vit pas sans musique.

Mon père nous accompagnait rarement. Il n'a jamais vraiment pris de vacances. Il faisait partie de cette génération de Maghrébins qui ont tout donné pour reconstruire la France d'après-guerre. En tant que maçon, il travaillait sans relâche. Le soir et les week-ends, il entretenait également des jardins. Sa main verte était légendaire et il était estimé pour cela. Sa façon particulière d'arroser les fruits et les légumes devait lui venir de son enfance au Maroc.

Il nous emmenait souvent récolter des haricots, du tilleul, des cerises, ou tailler les vignes. Ce n'était pas facile. Là où on allait, la pente était raide. En le voyant travailler, je me demandais comment il faisait pour tenir le coup. Ce n'était pas un grand gaillard. Les vendanges non plus, ce n'était pas très drôle. Quand je l'accompagnais, je comptais les jours.

Mon père était bien plus qu'un travailleur acharné. Il était très respecté dans la communauté, reconnu pour sa discrétion et ses bons conseils. C'est grâce à lui que le premier lieu de prière pour les musulmans a vu le jour à Arles.

Il avait également hérité du don de guérisseur de son père, mais il ne l'exerçait qu'avec nous. Lorsque l'un de nous avait une angine, il crachait dans ses mains et massait doucement notre gorge, et l'angine disparaissait.

Pour lui, le respect d'autrui était une valeur primordiale. Lors de la fête de l'Aïd, en juin, quand il sacrifiait un mouton et que ma mère préparait un grand repas, il veillait toujours à apporter une part à ses patrons. Une fois, le mouton s'est échappé dans le village. Il a fallu le rattraper… Mon père était si respectueux que lorsqu'il a appris que le voisin du dessous était souffrant, il nous a acheté à tous des charentaises pour qu'on fasse moins de bruit. On était contents, car c'était la première fois qu'on portait des pantoufles.

Je l'ai toujours connu comme quelqu'un de taiseux. Lorsqu'il rentrait à la maison, il se collait à son poste de radio. C'est à mes frères et sœurs aînés qu'il a confié son histoire. Comment notre grand-père avait quitté l'Algérie pour se cacher au Maroc après avoir participé à la résistance de Cheikh Bouâmama, l'une des plus fortes révoltes populaires contre le colonialisme français, à la fin du XIXe siècle. Comment lui-même avait été berger puis contrebandier dans sa jeunesse. Il avait traversé à pied les montagnes et passait la frontière la nuit en transportant du café, de l'huile, du thé, des tissus. C'est pour ça qu'il a toujours été en forme physiquement. À Arles, il ne se déplaçait qu'à vélo. Mais il avait un fort sens du sacrifice. Très tôt, j'ai compris que je ne suivrais pas ses pas. Je n'étais pas assez docile et je ne voulais pas entrer dans le moule. Je ne savais pas ce qui m'attendait.

Je devais écouter la vie. C'est une leçon que j'ai apprise de mon grand frère Ahmed. Il a été mon modèle. Quand il entrait dans une pièce, on ne voyait que lui. Il était solaire. C'était le genre de personne avec qui on sympathisait. On l'aimait tout de suite. Et moi, j'aimais tout ce qu'il aimait. Je voulais être comme lui, je voulais être lui.

Il avait neuf ans de plus que moi. C'était l'aîné de la famille. Il aidait mes parents, pas seulement financièrement. Pour nous, il était presque comme un deuxième père. Il donnait une partie de sa paie à ma mère puis une pièce à chacun de nous. Il était comme ça.

Lui aussi était un bosseur. Il a fait plein de petits boulots : ouvrier dans une usine de riz à Arles et puis, surtout, serveur. Il y avait du travail dans la restauration, et ça lui a permis de voyager un peu partout. Une fois, il s'est fait embaucher sur un paquebot transatlantique. Il a été stupéfait de découvrir toutes les façons de préparer des œufs pour le petit-déjeuner. Il profitait des escales pour découvrir l'Amérique. À New York, quelqu'un lui avait dit de ne pas mettre les pieds à Harlem car c'était trop dangereux ; sitôt arrivé, il y a foncé. Il s'est baladé en Algérie, au Maroc, en Tunisie, un peu partout, et plus tard en Norvège. Il avait soif de voir le monde. Il n'était heureux qu'en voyageant. Où qu'il soit, il nous envoyait des cartes postales.

Quand il revenait, c'était un festival. Le soir à table, on écoutait Tintin nous raconter ses aventures. Lui aussi était un conteur. Il faisait rire mes parents – même mon père se déridait.

Il nous a dit qu'un jour, dans un resto, un autre Maghrébin l'a regardé manger de la moutarde. Ahmed adorait la moutarde, il en mettait partout. Alors cet homme a fait de même et il est devenu écarlate ! Toute la famille rigolait en entendant ses histoires.

La nuit, dans notre chambre, il continuait de nous parler, à mes frères et à moi. On l'écoutait dans le noir. Il nous disait l'importance de partager ce qu'on aime avec ceux qu'on aime. Ses paroles restaient avec nous, il nous apprenait la vie. On n'a pas été étonnés qu'il s'installe à l'étranger. Il était très indépendant, il savait ce qu'il voulait.

Et il était en avance sur son temps. À l'adolescence, il s'est mis au karaté. À Arles, dans les années 1960, les karatékas n'étaient pas nombreux ! Moi aussi, j'ai essayé, mais je n'étais pas assez discipliné pour devenir ceinture noire comme lui.

On évoque peu Ahmed dans la famille, c'est trop douloureux, même cinquante ans après sa mort. Quand on parle de lui, son goût pour la musique, sa vraie passion, revient tout le temps. Il était au courant des dernières tendances, et avait l'âge de Johnny. Lorsque l'idole des jeunes est venue à Arles pour la première fois à l'âge de 17 ans, en 1960, il était là. Les jeunes se prenaient alors pour Elvis. Ce soir-là, les fans étaient si déchaînés qu'ils ont détruit la façade de la salle Femina, aujourd'hui un cinéma. Il nous a fait découvrir le rhythm'n'blues et la soul. Comme il bourlinguait, il rapportait des disques dont personne n'avait encore entendu parler. S'il était de passage à Arles, il ne ratait pas une occasion de faire le disc-jockey.

Il avait toujours des vinyles de blues dans ses valises. Dès qu'il repartait, on les passait en boucle. Au début, je l'avoue, John Lee Hooker et Bo Diddley, c'était du chinois pour moi. À force de les réécouter, je me suis passionné pour cette musique qu'on joue avec ses tripes. Ça me faisait penser à ce que chantait ma mère le matin dans la cuisine. C'est peut-être parce que j'ai tant écouté ces vieux chanteurs afro-américains que j'ai été aussi touché par la musique gitane. En fait, cette musique, c'est le blues européen.

Sans le savoir, Ahmed nous a montré le chemin. Un jour, mon père lui a trouvé une femme et a prévu de les marier, comme on le faisait dans son pays. Pour Ahmed, il n'était pas question de vivre comme en Afrique du Nord, seul le mariage d'amour comptait, et c'est ce qu'il a fait. Il a fini par s'installer à Lillehammer, une petite station de ski près d'Oslo, où il a rencontré une Norvégienne avec qui il a eu un fils, Djamel. Puis, il s'est marié avec Toril, la femme de sa vie. Ils ont eu une fille, Malika.

Même quand il vivait là-bas, il était très prévenant avec nous. Quand ma sœur Maria, à 16 ans, a suivi son époux à Oran et qu'elle n'a pu voir nos parents durant deux ans, il lui a offert un billet d'avion pour Arles. Il lui a aussi envoyé un peignoir avec des chaussons assortis, comme on en trouvait dans les magazines féminins au début des années 1970.

S'il n'avait pas été assassiné à l'âge de 30 ans, il serait devenu quelqu'un. Il avait une telle personnalité. Zoubida m'a raconté qu'ils s'étaient promenés ensemble dans les rues d'Alger, là où Costa-Gavras tournait le film *Z*. Ahmed lui avait montré des portraits photo qu'il avait pris. Il rêvait de faire du cinéma. Qui sait, il serait peut-être devenu le Bruce Lee marocain !

À Pont-de-Crau, une autre fenêtre sur le monde s'est ouverte pour nous : la télévision. Mais elle est arrivée tardivement dans notre foyer. Avant, je me rendais chez les Fabre, mes voisins du premier étage, qui me considéraient comme leur cinquième enfant. Leurs quatre aînés étaient déjà adultes, et la cadette, Christiane, qui avait dix ans de plus que moi, vivait avec eux.

Les Fabre étaient savoyards. Quand le père rentrait de sa journée de travail, il mangeait des tartines de tomme de Savoie qu'il trempait dans un grand bol de café au lait. J'en mangeais avec lui. Au début, j'ai trouvé ce goût bizarre, puis j'ai aimé ça. Je faisais tout comme lui, le suivais partout. J'allais couper du bois avec lui, me promener avec lui. Il était taiseux comme mon père, mais je l'aimais bien. Et les Fabre étaient moins stricts que mes parents. Ils buvaient de l'alcool et ne vivaient pas dans un étau comme eux.

Leur appartement donnait sur une cour. Ils avaient des poules et une chèvre. Un jour, la chèvre a disparu. Tout le monde l'a cherchée. Christiane a trouvé un seau plein de sang dans la cour, elle a compris ce qui s'était passé. Au dîner, aucun enfant n'a voulu manger Biquette.

Tous les dimanches, il y avait une réunion de famille. À l'heure du déjeuner, je m'installais à ma place, contre le poêle. Mme Fabre cuisinait un ragoût de pommes de terre ou un pot-au-feu. Elle avait appris à ma mère à préparer des gratins. Parfois, ma mère lui descendait un couscous ou l'invitait avec sa fille à prendre le thé autour de la *mida*.

Quand leurs enfants et leurs conjoints rentraient chez eux, je m'asseyais devant la télé, installée dans la chambre des parents. S'ils se couchaient, je restais assis par terre jusqu'à la fin du programme. On me retrouvait le lendemain matin, endormi au pied de leur lit.

C'était avant Netflix. On n'a pas idée de ce que c'était que d'attendre ce rendez-vous devant sa série préférée toute la semaine. Je me prenais pour Belphégor ou Thierry la Fronde. Je rêvais d'être Steve McQueen dans *Au nom de la loi*.

Un jour, mon père nous a fait une surprise : il avait acheté une télévision. On a attendu le livreur comme si c'était le Père Noël. On l'a regardé l'installer dans le plus grand silence. Quand il a allumé le poste pour la première fois, on a tous fait : « Waouh ! »

À l'époque, la télévision était en noir et blanc et il n'y avait qu'une chaîne, mais c'était la télé ! Le truc, c'est que mon père était tellement pudique que lorsqu'à l'écran, un couple se faisait un petit bisou sur la bouche ou qu'une femme apparaissait en maillot de bain, il se levait et éteignait le poste. « Au lit ! » Que de films il a coupés avant la fin… Finalement, les voleurs en cavale s'en sont-ils sortis ? Le meurtrier a-t-il été arrêté ? Les amoureux se sont-ils retrouvés ? Aucune idée. De toute façon, on n'entendait rien. Mon père veillait à ce qu'on ne dérange pas les voisins. Alors, j'étais content d'aller chez les Fabre.

Dès qu'il y avait une émission de variétés, j'étais devant le petit écran. J'adorais le *Sacha Show* et les émissions des Carpentier, car ce n'étaient pas que des chansons. Il y avait des sketches avec Johnny, Régine, Juliette Gréco, Claude François… Ils s'amusaient, on le sentait. Les chanteurs comme Aznavour, Bécaud, Brassens n'étaient pas comme les autres, je l'ai tout de suite compris. Parfois, je les voyais interviewés par Denise Glaser dans *Discorama*. J'aimais bien entendre leur manière de voir le monde ou simplement la façon dont ils s'exprimaient.

Plus tard, j'ai rencontré ces chanteurs, j'ai partagé la scène avec eux. Quand je me suis séparé des Gipsy Kings, j'ai produit Alma de Noche, avec la chanteuse guinéenne de renom Djanka Diabaté. Le groupe a fait la première partie de Johnny, et je passais tout mon temps avec lui. Je me suis retrouvé avec Aznavour à l'Unesco. Bécaud, je le voyais à Saint-Tropez. Régine, j'ai joué pour elle dans des soirées privées de très nombreuses fois. Michel Legrand, je le côtoyais chez Sénéquier quand on faisait la manche. Quant à Enrico Macias, que dire de lui sinon qu'il a changé ma vie et que ma mère connaissait par cœur sa chanson *J'ai quitté mon pays* ? En l'écoutant, elle retrouvait l'Algérie. Les disques et la télé ont été mon école.

L'école, la vraie, je préférais être dehors que dedans. J'étais l'élève qu'on mettait au fond de la classe, à côté du radiateur. Un prof a même regretté que le bagne de Cayenne soit fermé ! D'autres étaient sympas et ont essayé de m'aider. Mais je me bloquais moi-même. J'étais peut-être jaloux de mon frère Chaib. On ne faisait que se disputer. Âgé d'un an et demi de plus que moi, il avait un côté fragile, donc ma mère le chouchoutait. Et il travaillait bien à l'école. Lorsqu'il est devenu apprenti menuisier, mes parents étaient très fiers. Devant un tabouret qu'il avait réalisé, ils s'extasiaient comme si c'était la tour Eiffel. Il était l'exemple à suivre et ça me rendait encore plus turbulent. On est con quand on est petit.

Quand j'ai eu 14 ans, un prof m'a dit : « Si tu ne viens pas, je ne le dirai pas à tes parents. » Les deux dernières années, je n'ai pas mis les pieds à l'école. Comme mes parents ne savaient ni lire ni écrire, ils ne me demandaient jamais si j'avais fait mes devoirs.

Je ne m'ennuyais pas. J'avais un copain qui n'allait pas à l'école non plus. On passait la journée dans des cabanons, dans les arbres. On se promenait. Le soir, je rentrais avec mon cartable, comme si de rien n'était.

L'école de la rue est dure. Elle apprend à se débrouiller. J'avais des copains dans tous les quartiers, j'étais à l'aise avec tout le monde. J'aurais pu mal tourner, j'ai même failli dévier. Et puis, un jour, en rentrant chez moi, j'ai vu mon père pleurer après la visite des gendarmes. Je ne sais plus quelle gaffe j'avais encore faite. Tout ce dont je me souviens, c'est qu'il m'a dit qu'il ne comprenait pas pourquoi je faisais ça. Il pleurait de honte. Je ne l'avais jamais vu dans cet état, ça m'a fait tellement de peine. Dès lors, c'était décidé, j'arrêterais les bêtises jusqu'à ce que ça devienne naturel.

À ce moment-là, on avait déménagé rue Robert-Schuman, dans le quartier de Griffeuille où étaient sortis de terre de nouveaux immeubles HLM. Pour mes parents, c'était Versailles. Pour la première fois, on avait une douche et le chauffage central. Plus besoin d'aller aux bains municipaux ni de trimballer des litres de gasoil. Et Griffeuille étant plus proche du centre-ville, on y était moins isolés qu'à Pont-de-Crau.

On a été parmi les tout premiers occupants de ce quartier flambant neuf. Il y avait des pieds-noirs, on reconnaissait leur accent à la seconde. Mes parents s'entendaient bien avec eux. Moi, je traînais avec des gosses plus âgés, des Espagnols. Ils faisaient les vendanges, les marchés. Quand ils ne me voyaient pas, ils demandaient : « Il est passé où, le *chico* ? » Ce surnom m'a collé à la peau comme un tatouage.

Chico était parti explorer la Camargue où, pour lui, chaque recoin était une scène à la *Crin-Blanc*, peuplée de chevaux, d'oiseaux et de paysages à l'état brut. Lorsque j'allais voir ma cousine à mobylette jusqu'à Salin-de-Giraud, j'avais l'impression de traverser une carte postale, le son en prime. Mon enfance a été marquée par cette image du cheval de Camargue. Très vite sont apparus d'autres chevaux sauvages : les gitans.

2

Voyage en gitanie

« Tu as mangé, mon petit ? » Quand je suis arrivé pour la première fois chez les Reyes, Clémentine m'a accueilli avec ces paroles magiques, qui m'ont tout de suite mis à l'aise. Elle m'a parlé comme ma mère. D'ailleurs, elle lui ressemblait un peu, avec sa rondeur et son charisme. Cette femme avait une marmite sans fond, toujours prête à nourrir ses onze enfants.

Clémentine, une gitane d'origine alsacienne, était née à Nîmes, mais sa famille s'était repliée à Tarascon. Je l'adorais. Son enfance avait été marquée par la guerre qui avait éclaté quand elle avait 8 ans. La vue du sang l'avait profondément perturbée. Ni sa famille ni celle de son mari José n'avaient été persécutées par les nazis, mais Clémentine avait connu des drames.

La perte de sa sœur enceinte, Zézette, à 16 ans, l'avait meurtrie. Son mari l'avait violemment frappée, provoquant une hémorragie. Pour l'emmener à l'hôpital, des voisins avaient prêté à la famille un cheval avec une remorque. Chaque rond-point était une épreuve à cause des contrôles des Allemands. Quand ces derniers levaient la couverture et découvraient la situation, ils la laissaient passer, mais le trajet s'était tellement rallongé qu'elle est décédée avant d'atteindre l'hôpital. L'autre tragédie de sa vie avait été la mort de son frère Jeannot, soldat pendant la guerre d'Algérie. Elle n'évoquait guère le sujet. Comme mes parents, Clémentine et José étaient pudiques.

Ils vivaient dans un petit deux-pièces rue des Douaniers, à deux pas du Rhône. Une grande pièce servait de salle à manger, l'autre, de chambre pour les parents et les enfants qui dormaient tous sur des matelas par terre.

Je connaissais bien le quartier de La Roquette et ses ruelles étroites. Une de mes tantes habitait à côté de chez les Reyes, rue des Pilotes. J'étais tout le temps fourré là-bas. Pour beaucoup d'Arlésiens, c'était malfamé. Pour moi, c'était juste populaire. On y trouvait toutes les nationalités, et beaucoup de gitans. Ça grouillait de monde. L'été, des petites vieilles passaient la journée, assises devant leur immeuble et parlaient des choses d'avant. C'était un quartier pauvre, mais riche d'histoires, et très vivant, ça chantait dans les rues.

Le premier Reyes que j'avais rencontré, c'était leur fils, Canut, des années auparavant. J'avais à peine 10 ans, et j'habitais encore à Pont-de-Crau. Devant chez moi, il y avait une grosse pierre qu'on utilisait comme banc. On s'asseyait dessus et on regardait les voitures défiler. Un jour, j'ai vu au loin un jeune avec une drôle de gueule, conduisant un vélo défoncé. Il s'est arrêté devant moi et m'a lancé un défi : « Mon vélo contre une pastèque. »

Comme s'il s'était attendu à ce que je file chez l'épicier d'en face pour en voler une. Jamais de la vie !

Quelques années plus tard, je l'ai revu, et sans le savoir j'étais devenu copain avec ses frères dans les rues animées d'Arles où je traînais. Malgré leur lien de parenté, Nicolas, Patchai, Canut et Poulette étaient aussi différents que la nuit et le jour sur le plan physique. Lorsque Canut m'a invité chez lui pour déjeuner, j'ai enfin compris qu'ils étaient membres de la même tribu.

C'est là que Clémentine m'a accueilli comme si j'étais son fils. Je suis entré dans un monde extraordinaire. À mesure que les frères rentraient et s'installaient autour de la table, je me demandais ce qu'ils faisaient tous là. « Mais, c'est chez nous ici ! » disaient-ils en rigolant.

Je ne sais plus ce que Clémentine avait cuisiné ce midi-là. Elle avait de la magie dans les mains. Si elle préparait une tomate avec un peu de sel, c'était la tomate de ta vie. Elle cuisinait avec amour, le goût des aliments s'en ressentait.

Elle n'avait pas son pareil pour dégoter de la nourriture. Tous les matins, elle allait chez le boucher. On la connaissait comme le loup blanc au marché. Elle cuisinait de la ratatouille, du pot-au-feu, des haricots blancs. Avec un poivron vert, des olives noires et des tomates, elle faisait un jus de tomate à tomber par terre. Il fallait je ne sais combien de morceaux de pain pour saucer. Son lapin à la moutarde était sensationnel. Quand elle n'avait plus d'argent, elle disait au boucher qu'elle avait un singe à nourrir. Est-ce qu'il n'aurait pas un peu de viande pour cette pauvre bête ? Sa grande spécialité, c'était la tétine de vache. Elle cuisinait ça comme personne. D'abord, elle la nettoyait puis la pendait à un crochet et la coupait en fines lamelles avant de la faire griller ou frire. Quand on vivait sous le pont d'Arles, elle servait ça aux invités. Aimer sa cuisine était le plus beau compliment qu'on pouvait lui faire. Son péché mignon : boire du vin coupé d'eau dans un bol ; elle appelait ça son toto.

Ce jour-là, chez les Reyes, j'avais l'impression d'être chez les Indiens d'Amérique avant l'arrivée des cowboys. Ils discutaient en catalan, mais Clémentine me parlait en français. Et puis, soudain, José est entré. José Reyes, le chanteur de Manitas de Plata, que j'avais déjà vu à la télé. Je n'en croyais pas mes yeux.

Dès qu'il a mis un pied dans l'appartement, j'ai perçu son aura phénoménale. Il avait une allure royale : la peau très foncée, il portait de grosses moustaches noires et avait les cheveux en arrière. On savait tout de suite que c'était lui le patriarche, pas seulement des gitans de la rue des Douaniers, mais de toute la famille Reyes. Car, je l'ai su petit à petit, ils étaient très nombreux. Il y en avait aussi à Nîmes, à Tarascon, à Noves, à Montpellier.

Après le repas, ils ont sorti les guitares. Place à la musique ! Ils ont commencé à jouer de la rumba gitane comme s'ils étaient en concert, même si j'étais leur seul spectateur. Tous ensemble, ils chantaient, tapaient le rythme avec les mains, frappaient l'arrière de leurs guitares. J'ai été transporté dans un autre monde. J'en prenais plein les oreilles, et les yeux : les filles se sont mises à danser. Marthe m'a dit plus tard qu'elle était présente. Elle n'avait que 10 ans, moi, 16. Elle m'avait pris pour l'un de ses cousins. Je l'épouserais huit ans plus tard.

Ce jour-là, j'ai découvert une façon de vivre qui changeait complètement de ce que j'avais connu chez moi. Les Reyes étaient l'inverse de mes parents. Ils étaient très affectueux, et ne vivaient pas pour ne pas déranger leurs voisins. José était très strict avec ses enfants, mais il se fichait complètement qu'ils aillent à l'école. Comme mon père, il était un peu guérisseur. Il connaissait toutes sortes de remèdes anciens pour soigner ses enfants. Ils étaient traités comme des rois. Chez les gitans, la fête permanente, c'était possible.

À partir de là, j'ai tout le temps été fourré chez eux. Plus je connaissais les Reyes, moins je comprenais pourquoi les gitans étaient si mal vus. Leur esprit familial, leur bienveillance, je ne les trouvais pas chez beaucoup de mes copains gadjos, non gitans. Ceux qui les critiquaient auraient mieux fait de passer du temps avec eux.

Mes parents aussi. Au début, je leur disais que j'allais chez ma tante. Quand ils ont su la vérité, ç'a été un drame. Le cancre était tombé plus bas que bas. Quand on demandait de mes nouvelles à ma mère, elle disait qu'elle avait perdu un fils !

Selon les moments, mon meilleur copain était Nicolas, Patchai ou Canut. Des trois, Nicolas est le plus jeune. Il a quatre ans de moins que moi. Quand je l'ai rencontré, il avait 12 ans et une voix déjà incroyable. Il était le plus introverti de la fratrie, mais il pouvait aller seul dans un café de la place du Forum, s'asseoir à une table et gratter sa guitare. Quand il partait faire les vendanges avec son père, il chantait dans les vignes. Il était tellement bon que je l'ai inscrit à un concours. Il a fini deuxième. Il n'était pas habitué à chanter devant un vrai public. S'il l'avait voulu, il aurait pu le remporter haut la main.

Patchai avait deux ans de moins que moi. C'était un charmeur. Il n'avait pas le don musical de ses frères, mais je l'aimais bien. On se retrouvait au Palladium, une boîte où on allait draguer les filles. Rien à voir avec Canut, qui a le même âge que moi, le cheval sauvage de la famille. Il avait une aura particulière avec sa tête d'Indien. C'était un musicien fabuleux, mais imprévisible. Rien ni personne ne l'impressionnait. Il ne fallait pas l'énerver, sinon il piquait de ces crises… Il cassait tout. Nicolas et lui s'entendaient comme chien et chat.

Dans la fratrie, il y avait aussi Paul, l'aîné, qu'on appelait Poulette, que Picasso avait peint lorsque José le lui avait présenté avec Manitas et leur manager Lucien Clergue. Leurs caractères se sont affinés avec les années, mais les Reyes étaient comme ça dès l'adolescence. Si l'un partait, tous le suivaient.

Le mauvais côté de certains gitans ne m'a pas échappé. Il m'a même sauté aux yeux. Deux d'entre eux touchaient une pension d'handicapé ! Cette façon de profiter du système m'agaçait au plus haut point. Mes parents n'auraient jamais fait ça, ni mes frères et sœurs. Quand on a commencé à vivre de la musique des années plus tard, ils ont mis fin à cette habitude.

Avec les gitans, on ne retient que le bon côté, la musique. On peut le comprendre. Elle leur est aussi nécessaire que respirer. Adolescent, Nicolas venait souvent chez moi à Griffeuille. Il pouvait rester trois semaines d'affilée. Il ne pensait qu'à chanter. Après le dîner, il prenait sa guitare et chantait pour mes parents.

Ma plus grande satisfaction, c'est lorsque je l'ai présenté à Ahmed. Pour la première fois, je faisais découvrir une musique à celui qui m'avait tout appris dans ce domaine. Ahmed a été bluffé. Il a vu tout de suite le talent de Nicolas. Ça ne m'a pas surpris, je savais qu'il aimait le flamenco.

Quand Nicolas dormait à la maison, je devenais une sorte de pont musical. Je lui ai fait découvrir ce qu'il n'écoutait pas chez lui, comme le blues et Aznavour. Les Reyes étaient plus traditionnels : ils vénéraient Paco de Lucia et Camarón de la Isla, le dieu du chant gitan. Au fond, avec les Gipsy Kings, on a fait ce que les bluesmen ont fait : ils ont électrifié les guitares, et ont inventé le rock'n'roll. Avec les gitans, pareil : au début, on a joué de la rumba gitane, puis on a branché les guitares et ça a pris une autre dimension.

Le plus marrant dans la culture gitane, ce sont les surnoms. Les gitans en ont tous. Clémentine, c'était Pneu car elle était ronde. José, ses parents l'avaient baptisé Porc, allez savoir pourquoi, puis tout le monde s'est mis à l'appeler Blanchette, parce qu'une fois, alors que Fernandel était sur scène au théâtre de Tarascon, José a joué les trouble-fêtes. L'acteur lui a alors lancé : « Bon, Blanchette, quand tu auras fini ton numéro, je pourrai enfin jouer ? » Éclats de rire dans la salle. José était loin d'avoir la peau claire, elle était même bien foncée. Il suffisait de le voir pour comprendre que les gitans espagnols venaient d'Inde.

Un qui avait une vraie tête de maharaja, c'était son frère, Papa Jean. Barbe et cheveux longs, il portait toujours un chapeau ou un bandeau. Il s'habillait en gitan chic avec trois fois rien, et associait les couleurs comme peu savent le faire. Quand on le voit sur de vieilles photos en noir et blanc, on jurerait qu'elles ont été prises au Rajasthan. Avec sa gueule, il n'avait pas besoin d'être musicien. C'était José puissance dix. Et il avait une façon de parler qui collait bien avec son physique. Une fois, durant le carnaval d'Arles, un enfant l'a pointé du doigt en disant à sa mère qu'il voulait le même masque que le monsieur !

Jean a passé sa vie à rigoler. Il disait qu'il avait l'âge des arènes d'Arles. À un moment, il vendait en porte-à-porte. « Mais pas de draps en satin. À quoi ça sert ? On glisse dessus ! » C'était un grand séducteur, il ne s'en cachait pas. Pas plus que de son appétence pour le vin rouge : il devait en avoir plus dans le corps que d'eau. Une fois, à Saint-Tropez, il est rentré ivre dans sa caravane et s'est affalé dans son lit d'appoint qui s'est replié en deux. Il a dormi toute la nuit comme ça. Quand on l'a retrouvé le lendemain, on aurait dit une scène de BD.

Lui aussi portait un surnom comique : Casserole, parce qu'il était noir comme le cul d'une casserole carbonisée. Alors le jour où un adolescent surnommé Chico est devenu le nouveau copain des fils Reyes, c'est passé comme une lettre à la poste gitane.

À force de fréquenter les Reyes, j'ai peu à peu saisi leur façon de vivre. Mes yeux observaient, mes oreilles enregistraient. Entre eux, ils parlaient un mélange d'espagnol et de provençal. « Le français à l'école, le catalan à la maison », répétait José à ses enfants. Avec moi, il s'exprimait dans son dialecte, peu importait si je pigeais ou non. C'est pour cela que tout le monde m'a pris pour un gitan. Et puis, j'étais brun, avec la peau mate. Je me fondais dans la masse.

En revanche, je n'ai jamais maîtrisé leur langue. Ils sont taquins, les gitans : si je prononçais mal, ils rigolaient, comme je me moquais de mes parents qui galéraient en français.

En hiver, les Reyes vivaient à La Roquette. En mai, ils prenaient leurs caravanes et partaient une dizaine de jours pour le pèlerinage des Saintes-Maries-de-la-Mer. Puis, ils allaient faire les vendanges. Quant aux frères de José, ils vivaient en caravane à l'année et s'installaient autour d'Arles, au Champ-de-Tir ou sous la voie rapide de La Roquette, là où, plus tard, je vivrais durant dix ans dans un campement. L'été, ils partaient dans le Nord pour travailler.

Les caravanes, je trouvais ça génial. Quand on a grandi avec des westerns, les roulottes, ça fait rêver, forcément. Patchai et Nicolas m'ont présenté à leurs oncles. Ils avaient de ces gueules, eux aussi ! Les gitans vivaient à la marge de la société, ils ne recevaient pas beaucoup de visites. Comme j'étais l'un des rares à être acceptés, ils me traitaient comme un des leurs.

Plus tard, j'ai été invité à partir avec José et ses fils voir le reste de la famille à Nîmes. Tout le monde sortait les guitares et jouait. Où qu'il aille, José apportait le soleil. Ces déplacements m'ont fait comprendre que la famille Reyes était énorme.

À Montpellier, j'ai rencontré le guitariste Hippolyte Baliardo, le frère de Manitas de Plata. Une sorte de Raimu gitan. Bien plus tard, quand on commençait à se faire un nom à Saint-Tropez, on est allés chez lui avec José et ma grande amie, la baronne Jacqueline de Rothschild. En arrivant, José lui dit : « Tu as vu qui je t'amène ? Une baronne ! » Et Hippolyte : « Oh, une baronne ? » S'adressant à son épouse : « Toutoune, sors le champagne ! » Évidemment, il n'y avait pas de champagne. On a ri de plus belle.

Des personnages truculents, c'était ça aussi, la gitanie, surtout les anciens. Clémentine était une conteuse dans son genre. Il fallait l'entendre raconter cette fois où, durant la guerre, la police allemande avait arrêté l'une de ses sœurs et lui avait lancé, au début de l'interrogatoire : « Maintenant, vous allez passer à table et nous dire ce que vous savez ! » Sa sœur a répliqué naïvement : « À table ? Mais, Monsieur, j'ai déjà mangé... » Et Clémentine éclatait de rire. Les gitans ne sont plus très nombreux à avoir cette fibre. Mais il y a Rey, le fils d'Hippolyte Baliardo, qui interprétait l'enfant sauvage dans le film de Truffaut. Il parle comme son père.

En mai, le pèlerinage aux Saintes-Maries-de-la-Mer était une tradition gravée dans le marbre ; José et Manitas refusaient des engagements pour s'y rendre, ce qui rendait dingue leur imprésario, Lucien Clergue. Les Gipsy Kings et moi, on n'aurait raté ça pour rien au monde. Les Reyes comme tous les autres gitans savaient que c'était le seul moment de l'année où ils retrouveraient leur famille au grand complet.

Pendant une semaine, ce petit village de Camargue devenait la capitale de la gitanie. Chaque centimètre de son sol était occupé par une caravane. Des familles venaient de partout pour y assister : des gitans du sud de la France, des Kalé de Catalogne, des Manouches germaniques, des Roms de Hongrie, et bien d'autres encore. Chacun apportait ses traditions. Visuellement, c'était spectaculaire. Certaines femmes revêtaient de longues robes colorées, tandis que d'autres, comme les Reyes, semblaient moins intéressées par le folklore.

Le 24 et 25 mai, les gitans célèbrent leur patronne, sainte Sara. J'étais surpris de découvrir à quel point ils étaient des catholiques dévoués, et je ne connaissais rien de l'histoire de Marie-Jacobé et Marie-Salomé, ni de leur servante Sara. Après la mort du Christ, elles ont été chassées de Jérusalem par les Juifs. Leurs embarcations ont erré sur la mer jusqu'à atterrir en Camargue, où les saintes ont décidé de s'installer et ont fini par convertir les pêcheurs et les bergers au christianisme. Selon une autre version, Sara est la reine noire des terres basses. Lorsqu'elle a aperçu les barques approcher, elle a déployé ses voiles au loin et guidé les fameuses passagères…

Les reliques de ces trois femmes reposent à l'église Notre-Dame-de-la-Mer. Le 24 mai, on les descend des hauteurs de la nef où elles sont conservées dans des châsses, à l'aide de cordes. Quand elles apparaissent à la lumière des cierges, les gitans se mettent à crier : « Vive les saintes Maries ! Vive sainte Sara ! » Tout le monde se presse pour les toucher, car, paraît-il, le premier contact a un effet protecteur. Ensuite, les gitans vont se recueillir devant la statue de la vierge noire dans la crypte. Ils drapent sainte Sara d'une cape qu'ils ont eux-mêmes confectionnée, déposent mille offrandes à ses pieds et allument des cierges. C'est un moment de ferveur extraordinaire.

Le lendemain, le 25 mai, une foule immense se rend en procession jusqu'à la mer, menée par des Arlésiennes et des gardians, ces gardiens de manade à cheval emblématiques de la tradition camarguaise. Les statues, portées sur les épaules des fidèles, sont accueillies par des acclamations. Les anciens de la famille de Clémentine ont longtemps eu l'honneur de porter la statue de Sara. Pendant des années, Manitas était présent dans le cortège. Beaucoup choisissent ce moment pour célébrer des baptêmes. Mes deux fils, Redda et Tonino, ont été baptisés aux Saintes-Maries.

La première fois que j'y suis allé, je dormais dans la voiture de José. Clémentine m'avait préparé un lit sur la banquette arrière. Je la revois encore frapper à la vitre le matin pour m'apporter du café. Elle a toujours été très attentionnée envers moi. Comme ma mère, elle a donné le même amour à chacun de ses enfants, sans laisser personne de côté.

Aux Saintes, chacun avait ses repères. Pour les Reyes, c'était l'église et le bar-hôtel Les Vagues : le premier lieu pour prier, le deuxième, pour refaire le monde. La grande terrasse des Vagues était le repaire des trois mousquetaires gitans : José Reyes, Manitas de Plata, Hippolyte Baliardo… et Papa Jean. Manitas prenait une chambre au-dessus. Impossible de le manquer avec ses lunettes de soleil, sa gourmette, ses chaînes en or et son costard blanc. Tout un numéro ! Pour lui, les Saintes-Maries, c'était le festival de Cannes. Dès que Papa Jean arrivait avec sa dégaine incroyable, tous les regards se tournaient vers lui. Ça rendait Manitas vert de jalousie, d'autant plus que Jean ne jouait ni ne chantait. Quand José se lançait dans un fandango, on était hypnotisés. Il était magnétique.

Les retrouvailles de ces familles qui ne se voyaient pas le reste de l'année constituaient le plus beau moment du pèlerinage. Soudain, durant une semaine, les Saintes-Maries devenaient la chaîne d'info gitane en continu. Les oncles et les cousins prenaient des nouvelles les uns des autres. Aux Vagues, au lieu de communiquer avec des mots, les familles semblaient se conter leur année en musique. Les enfants montraient les progrès qu'ils avaient faits à la guitare. Les petites filles dansaient. Tous étaient heureux de se retrouver. Et la fête continuait devant les caravanes.

Pour moi, tout gravitait autour de José. Il m'a appris l'une des leçons les plus importantes : garder les pieds sur terre. Il a vécu dans l'ombre de Manitas, qui prenait la lumière et ne voulait la partager avec personne, pas même avec lui, son propre cousin. Ensemble, ils avaient voyagé à travers le monde. Grâce à leur manager, Lucien Clergue, ils se sont souvent rendus à New York, jouant à guichets fermés au Carnegie Hall.

Leur première fois a eu lieu en 1963. Manitas avait peur de l'avion. Ils sont partis en bateau. Tout le monde pleurait à Arles ; c'était un périple incroyable à l'époque. Dans le paquebot *United States*, il y avait aussi Dalí, lui-même catalan. Ils se sont liés d'amitié. C'est pour cela qu'il a signé la pochette du 45-tours « Caramba, carambita », lorsque j'ai monté le groupe Los Reyes et que j'ai trouvé un producteur pour notre premier disque, *Gitan poète*. Clergue m'a raconté qu'après le concert au Carnegie Hall, dans le taxi qui les ramenait à l'hôtel, Manitas a dit au chauffeur : « Direction Montpellier ! »

Manitas avait un talent monstrueux. Il a contribué à faire connaître le flamenco grâce à ses passages à la télévision. Il prenait toute la lumière. Cela a pesé sur José. Plutôt que de devenir aigri, il s'est replié sur sa famille. Manitas, je l'ai toujours vu seul alors que José tissait des liens des plus forts. Les Reyes sont restés très unis tout le temps qu'il a été vivant.

De retour de tournée, José ne se vantait pas. Il parlait peu des salles de concert pleines à craquer. Mais il lui suffisait de sourire et on comprenait tout. Il avait le meilleur remède pour éviter la grosse tête : le lendemain de son retour, il allait faire la ferraille. Il faisait ça pour nourrir sa famille, parce que les concerts avec Manitas rapportaient une misère.

Je l'ai souvent accompagné, juste pour passer du temps avec lui. Il aimait bien partir se promener en Camargue. Dans le camion, il chantait des fandangos à fond comme s'il avait été au Carnegie Hall ! Même habillé pour la ferraille, avec son éternelle Bastos au bec, il avait une classe phénoménale. Mais il travaillait dur. Il faisait aussi la *rauzá*, comme on dit : il allait récupérer le tartre qui s'était accumulé au fond des cuves à vin. Et c'était du boulot de retirer ces résidus, qu'il vendait ensuite au kilo. Cela servait à fabriquer des cosmétiques.

Le soir, il rentrait, se douchait, enfilait une chemise noire en dentelle et un pantalon beige. Il se tirait les cheveux en arrière, se taillait la moustache. Ses chaussures, Marthe les lui avait cirées. Et c'est sapé comme un prince qu'il sortait, parfois simplement pour aller au café.

En hiver, il jouait avec ses fils à la pizzeria Da Guido, un de ses repères au bord du Rhône. Ses filles dansaient, vêtues de longues robes espagnoles. Il se faisait aussi engager pour des soirées privées dans des manades et aux alentours de Saint-Rémy-de-Provence. Il était le patron. Les Gipsy Kings ne se seraient jamais séparés s'il n'avait pas été emporté par un cancer du poumon à 51 ans et si ses fils avaient hérité un peu de son caractère.

Clémentine me traitait comme son fils, José, comme son neveu. Tous deux ont vu que j'apportais un équilibre à leurs fils. Lorsque mon don de leader s'est révélé, que j'ai créé Los Reyes avec Nicolas et Canut et les ai amenés à Saint-Tropez, José a été reconnaissant.

Au fur et à mesure que je m'imprégnais de culture gitane, j'avais de plus en plus envie de jouer de la guitare. Ahmed m'a offert ma première quand j'ai eu 14 ans. Il savait que j'adorais le blues. Au début, j'essayais de reproduire ce que j'entendais sur les disques, mais c'est difficile d'apprendre seul.

Parmi les fils Reyes, Nicolas était celui dont la sensibilité me bouleversait. Je savais que je n'atteindrais jamais son niveau, mais cela ne devait pas me décourager dans ma passion pour la musique gitane. Cela, je l'ai compris grâce à un chef cuistot.

Adolescent, j'ai enchaîné les petits boulots, surtout dans les restaurants et les hôtels. Le premier était l'hôtel du Cloître, à Arles, où j'étais plongeur. Un labeur épuisant quand on nettoie des marmites plus grandes que soi. Lorsque j'ai raconté ça à ma tante Mama, qui avait le même prénom que ma mère et surtout un don de voyance, elle m'a dit que mon destin serait de voyager de capitale en capitale. On la surnommait Amia, ce qui signifie « l'aveugle » en arabe, parce qu'elle avait les yeux un peu croches. Sur le moment, je n'ai pas vraiment compris. Tout ce qui m'intéressait, c'était de voir le chef cuisinier sortir sa guitare entre deux services et se lancer dans le flamenco. Même s'il était aussi éloigné de la culture gitane qu'une casserole peut l'être de castagnettes, son admiration pour Manitas était évidente.

Puis, j'ai travaillé à l'Auberge cavalière, située sur la route des Saintes-Maries-de-la-Mer. J'ai obtenu une place de commis de salle au restaurant grâce à ma tante qui faisait le ménage dans l'hôtel. Les chambres avaient été installées dans d'anciennes cabanes de gardian, typiques de Camargue, où vivaient autrefois les ouvriers agricoles, pêcheurs, agriculteurs, bergers. Un lieu plein de charme. J'y suis arrivé après le pèlerinage, mais il y avait encore pas mal de clients.

Deux ou trois fois par semaine, on recevait le guitariste Manolo Bissière. De temps en temps, il venait avec son fils. Sa musique était tellement belle que je m'arrêtais de travailler pour l'écouter. Par la suite, j'ai appris qu'il était de la famille de José, du côté de Montpellier.

Après ces expériences, j'ai vraiment eu envie de me mettre à la guitare. Au début, j'accompagnais les Reyes aux percussions. Je grattais un peu, mais pas assez pour me joindre à eux. Nicolas et Canut ne m'apprenaient rien, ils n'avaient pas de patience.

C'est un autre gitan qui m'a aidé, mon copain Palo. Ses cours étaient pour le moins atypiques. Quand on s'est vus la première fois, ni lui ni moi n'avions de guitare. Pour m'apprendre à jouer un *compás*, c'est-à-dire la structure rythmique du flamenco, il est allé chercher un carton. Il en a déchiré un morceau pour lui et un autre pour moi. Il le tenait comme une guitare. J'ai fait de même. Il m'a montré comment obtenir le rythme et j'ai reproduit ses gestes. Mon initiation a commencé ainsi. Avec du carton !

À force de pratiquer, ça s'est fait naturellement. J'ai appris à synchroniser les deux mains. À l'époque, on n'avait pas de sangle. On tenait notre instrument sur le genou. Au début, je sentais son poids, au sens propre comme au figuré. Avec ma guitare, on m'a identifié comme gitan.

3

Saint-Tropez à l'horizon

Un jour de l'hiver 1970, Bobby m'a proposé d'aller à Saint-Tropez. Depuis qu'il avait vu l'affiche du film *Saint-Tropez Blues*, avec Marie Laforêt et Jacques Higelin, ce nom le faisait rêver. Il y était déjà allé une fois quand il était moniteur de colo au nord de Toulon, en stop, avec deux copines monitrices. Ça l'avait marqué. Alors faire une virée à Saint-Trop' avec lui ? J'ai dit oui tout de suite. On a sauté dans la Simca 1000 de Bobby, avec un copain à lui et Nicolas.

Ce devait être en février ou mars. À cette période-là, ce n'était pas la cohue. Il y avait peu de bateaux dans le port. On s'est baladés dans les ruelles, Bobby faisait le guide. C'était sympa. Dans l'après-midi, on est allés boire un verre chez Sénéquier, le célèbre café sur le port, à la grande terrasse et aux chaises rouges. Nicolas a sorti sa guitare et s'est mis à jouer et à chanter. J'ai remarqué qu'il ne laissait personne indifférent : les clients du café se tournaient vers lui pour l'écouter, des passants s'arrêtaient. Je l'ai noté dans un coin de ma tête. On est rentrés le soir même.

À Arles, j'ai enchaîné les petits boulots. J'avais arrêté l'école à 16 ans. Quel soulagement ! L'une de mes cousines était standardiste chez un notaire, elle tapait mes lettres pour chercher du travail. J'ai à peu près tout fait : cueillir des pommes dans des vergers, décharger des wagons de marchandises, isoler des gaines de climatiseurs lorsque l'hôpital Joseph-Imbert était en construction, peintre en bâtiment… J'ai surtout travaillé dans la restauration. Pas tout le temps, juste assez pour rassurer mes parents.

Le reste du temps, je le passais avec des copains au café de la Bourse, boulevard des Lices, mon QG ! Il l'est resté pendant des années. Le patron était un pied-noir, M. Pares. Un gaillard très sympa, à fort accent. Plus tard, quand j'ai monté le groupe Los Reyes, je donnais son numéro de téléphone pour être contacté, car je n'avais ni bureau ni répondeur. Il me prenait mes messages. Ça l'amusait beaucoup d'avoir en ligne Brigitte Bardot et d'autres vedettes qui voulaient nous engager pour animer des soirées privées.

Un après-midi, alors que je buvais un café à la terrasse, deux amis sont passés en voiture et m'ont dit qu'ils allaient à Londres pour le week-end. « Je peux venir ? » « *Of course* », m'ont-ils répondu. Dans la seconde, j'ai filé chez mes parents prendre mon passeport marocain, quelques affaires et les 300 francs que je gardais au chaud. J'ai dit à ma mère que j'allais quelques jours chez des amis. Si je lui avais dit la vérité, elle aurait pété un câble.

On est partis en train, d'abord jusqu'à Paris où on a passé la nuit, puis jusqu'à Calais. On a pris un ferry et un autre train de Douvres à Victoria Station. On était tout excités.

Se retrouver à Londres à 17 ans, en 1971, c'était comme débarquer sur une autre planète. La mode vestimentaire des Anglais, la conduite à gauche, Big Ben, les bus rouges, les cabines téléphoniques, j'avais l'impression d'être dans un épisode de *Chapeau melon et bottes de cuir*. Le pop art était passé par là. Sgt. Pepper's aussi. J'étais à des années-lumière d'Arles !

Un copain vivait là-bas et travaillait dans un hôtel. On s'est retrouvés à trois chez lui. Le week-end est passé en un clin d'œil, comme celui à Saint-Tropez ; on a juste eu le temps de respirer l'air *british* de la ville. On n'avait pas d'argent, alors on se promenait. En partant, je n'avais qu'une envie : y retourner, et rester un peu plus longtemps pour apprendre l'anglais. J'ai vite compris que cette langue était un passeport international.

Cet été-là, j'ai décroché un emploi saisonnier comme commis de salle au Yaca, à Saint-Tropez, un hôtel prisé des stars de cinéma. Pour la première fois, j'étais payé décemment. Avec mon salaire, j'ai offert à mes parents un voyage à La Mecque. Mais cette saison au Yaca reste gravée dans ma mémoire pour une autre raison. Pour la première fois, Ahmed, Bobby, Chaib et moi, on se retrouvait tous ensemble à Saint-Tropez. Durant un mois et demi, on a passé plus de temps avec Ahmed qu'on ne l'avait jamais fait.

Bobby travaillait à l'hôtel de la Pinède comme chasseur bagagiste, Chaib, chez le glacier Popoff. Quant à Ahmed, lorsqu'il rentrait de Norvège, ce n'était pas pour se la couler douce. On est tous des bosseurs dans la famille. Je lui avais trouvé un poste de veilleur de nuit au Yaca. Comme il maîtrisait plusieurs langues, il était parfait pour ce job.

Le logement n'étant pas fourni, j'ai proposé au patron qu'Ahmed et moi partagions la même chambre, ce qui ne posait aucun problème, moi, travaillant le jour, lui, la nuit. On bossait non-stop, mais je chérissais chaque moment passé avec mon grand frère.

Et puis, j'ai repensé à cette toute première journée passée à Saint-Tropez et à l'effet de Nicolas sur les clients de chez Sénéquier. J'ai compris qu'avec les gitans, il fallait viser ailleurs que la Camargue. D'ordinaire, les Reyes se produisaient avec leur père aux Saintes-Maries lors du pèlerinage ou dans des restaurants. Nicolas, Patchai, Canut et moi, on se voyait dans un café de la place du Forum. Ils sortaient les guitares, mais ça n'allait pas plus loin. Moi, je voulais prendre une autre direction : Saint-Tropez. Ce village était un concentré du monde. Notre destin se jouerait là-bas, j'en étais sûr.

Lorsque j'ai eu le permis à 18 ans, mon premier réflexe a été de partir à Saint-Trop'. Ce devait être en avril car Bobby venait d'être embauché pour la saison sur l'île du Levant. Si je le déposais au Lavandou, je pouvais garder la Simca. En voiture, les gitans !

Sitôt arrivés, les Reyes et moi, on s'est retrouvés sur le port. Comme le réservoir était à sec et qu'on n'avait pas un rond, je leur ai proposé de nous installer devant un café où je ferais la manche pour payer de quoi faire le trajet de retour. Au premier passant que j'ai croisé, j'ai demandé s'il connaissait un resto sympa. Il m'a répondu : « Tahiti ». J'ai pensé qu'il se foutait de moi. Tahiti ? Et pourquoi pas Katmandou ? J'ai posé la même question à un autre vacancier qui m'a donné la même réponse. Mais lui m'a expliqué qu'il s'agissait d'une plage et m'a montré où elle était.

À nouveau, le village était calme en ce début de saison, et encore plus beau que la première fois. Comme je ne travaillais pas d'arrache-pied, je pouvais admirer le paysage. Les bateaux dans le port étaient plus nombreux. Du côté de Pampelonne, la plage était à couper le souffle : le sable fin était jaune, la mer, d'un bleu comme je n'en avais jamais vu. Ça nous changeait des Saintes-Maries avec son sable gris et son eau froide.

Au restaurant Tahiti Plage, je me suis présenté au patron, Félix Palmari, qui m'a toisé des pieds à la tête. C'était un ancien flic de Marseille, il avait gardé ses vieux réflexes. Après m'avoir passé au scanner, il a scruté les gitans sans dire un mot. Puis il a jeté un coup d'œil à la salle à moitié vide de son resto, a levé la tête et regardé le ciel nuageux. « Pourquoi pas ? a-t-il dit. Peut-être que votre musique fera venir le soleil. » Notre destinée à Saint-Tropez s'est jouée à des nuages dans le ciel.

Les gitans ont sorti les guitares. Ils ont interprété des rumbas de José, comme ils savent le faire et comme ils l'ont toujours fait. Aussitôt, ils ont capté l'attention de tout le monde : les clients souriaient, se regardaient, s'adressaient de petits signes de tête, se dandinaient sur leur chaise. Ils se régalaient, je le voyais bien. Moi, je battais des mains en rythme pour qu'ils comprennent que je faisais partie de l'équipe. À la fin, les applaudissements ont retenti et j'ai passé le chapeau. Les pièces pleuvaient. Je n'en avais jamais vu autant. C'était l'Amérique !

Quand on a remballé, un type est venu me voir. « J'adore ce que vous avez joué, m'a-t-il dit, très enthousiaste. J'ai un service à vous demander : ma femme est souffrante. Elle est clouée au lit. Est-ce que vous pourriez venir à la maison ? Ça lui remonterait le moral. » Direction la maison de ce monsieur. Son épouse était effectivement alitée et mal en point. Les gitans ont joué pour elle comme ils l'avaient fait au Tahiti. Ils ont tout donné. La dame a repris des couleurs et a retrouvé le sourire. La musique l'avait ressuscitée ! Quand nous sommes partis, le mari nous a donné une paire de billets. Une journée comme ça, c'est un cadeau de la vie.

Nous, on était fous de joie. On a fêté ça dans un petit resto, puis a mis de l'essence à ras bord, et j'ai divisé l'argent restant en parts égales. Sur le chemin du retour, j'ai dit aux Reyes qu'il s'était passé un truc incroyable.

Rebelote : le dimanche suivant, on a sauté dans la Simca à 6 heures du matin, et on a roulé pendant quatre heures, en passant par les petites routes, *via* Aix-en-Provence, Saint-Maximin, Brignoles, Le Luc, car l'autoroute n'existait pas encore. À mi-chemin, on s'est arrêtés pour s'acheter du pain et du pâté et se faire des sandwiches.

Au Tahiti, Félix nous a laissés jouer à nouveau. On est repartis le soir même avec de la monnaie. Une fois, c'est la chance. Deux fois, c'est plus que ça. Désormais, c'était décidé, on reviendrait tous les dimanches.

En juin, un client du Tahiti m'a conseillé de venir dès le samedi car il y avait d'autres restos sympas. Action, réaction. Le week-end suivant, on était là. Sauf qu'on n'avait nulle part où dormir. Le soir, j'ai garé la voiture dans un parking et on a dormi à quatre dedans. Le lendemain, on en est sortis, cassés en deux. Pour se raser, on allait à tour de rôle dans les toilettes du bar du port.

Au fil des semaines, on a exploré, on a découvert, on a défriché. On n'était pas les seuls musiciens, il y avait entre autres un orchestre steel-band, les frères guitaristes Boulou et Elios Ferré, dont le père avait accompagné Django Reinhardt, mais aussi un groupe de chanson française et un autre, de musique péruvienne, monté par des hippies tropéziens. C'étaient les années 1970, une époque pleine de couleurs exotiques.

Les groupes étaient respectueux les uns des autres. Si on se croisait devant les mêmes restos, chacun attendait son tour. Mais dès qu'on jouait, les gens tombaient sous notre charme. Personne ne pouvait résister à la musique gitane d'Arles.

La première à succomber : Nicole Laudon. Dès qu'elle nous a entendus sur le port, elle est venue nous voir. Elle tenait une petite boutique rue Georges-Clemenceau, où elle vendait les meubles et objets en cuir fabriqués par son mari, Loulou. Tout le monde adorait leur backgammon. C'était un couple assez marrant : elle, groupie des musiciens, éprise de l'ambiance bohème et avec plein de copains dans le showbiz ; lui, replié sur lui-même et un peu raide.

Entre elle et nous, ça a été un coup de foudre amical. Quand on a vu qu'elle avait une roulotte garée dans son jardin, on s'est dit que c'était un signe du destin. Du coup, on allait régulièrement chez elle. On sortait les guitares, on chantait. Et si Loulou n'était pas chaud à l'idée d'avoir des gitans chez lui, il a fini par s'y habituer et par apprécier leur présence. Chez eux, il y avait toujours du monde. Plus tard, on a partagé leur toit avec Johnny Hallyday et Sylvie Vartan, ce qui a été l'occasion d'une belle rencontre entre Canut qui grattait et Johnny qui chantait. Chez eux, les stars se sentaient comme chez elles, loin des regards indiscrets des journalistes et des paparazzis. Et il y avait leur fille, Nathalie, plus jeune que nous, qui nous suivait partout.

Et puis, un matin, ma vie a changé à jamais. Le 22 juillet 1973, alors que j'étais avec les Reyes dans la rue Allard, la principale voie commerçante, un policier s'est dirigé vers nous. « Il y a un Marocain parmi vous ? » Je me suis avancé vers lui. « Un membre de votre famille a eu un problème. Vous devriez vous rapprocher d'elle. » J'ai appelé Bobby sur l'île du Levant. C'est lui qui avait alerté la police de Saint-Tropez. « Ahmed est mort. » Quand il m'a dit ça, j'ai cru qu'un immeuble s'écroulait sur ma tête. « Va chercher Chaib au Papagayo où il travaille. Et passe me prendre au Lavandou. On rentre à Arles. » Silence complet dans la voiture. Une tragédie avait eu lieu à Lillehammer, mais on ne savait rien de plus. On a pensé à un accident de voiture.

Quand notre père nous a vus arriver tous les trois, il a compris qu'il s'était passé quelque chose. Le pire, c'est qu'il n'était pas au courant. Nous lui avons appris la nouvelle. Il s'est effondré dans son fauteuil et s'est mis à pleurer. Notre mère était en Algérie avec nos trois sœurs. Il a fallu leur annoncer cela, à elles aussi. Ç'a été terrible.

Bobby est le plus âgé de nous trois. Comme il était déjà allé à Lillehammer pour rendre visite à notre frère, il est parti tout de suite en Norvège pour en savoir plus. Au même moment, les journaux ont commencé à couvrir le drame : des agents du Mossad avaient été arrêtés par la police du pays. On n'y comprenait rien. Qu'est-ce qu'Ahmed avait à voir là-dedans ?

C'est ainsi que ma famille s'est retrouvée dans une histoire qui la dépassait complètement. On ne savait rien de la guerre d'Israël contre les terroristes palestiniens.

Encore moins de l'opération Colère de Dieu que le Mossad avait déclenchée à la suite de la sanglante prise d'otages des Jeux olympiques de Munich en 1972. L'objectif de cette opération était d'exécuter les terroristes ayant participé à l'attentat et d'arrêter Septembre noir.

J'ai mis des années à comprendre tout ça. Septembre noir, c'était un groupe secret du Fatah, une organisation politique et militaire qui avait rejoint l'Organisation de libération de la Palestine (OLP), dirigée par Yasser Arafat. Le Mossad était persuadé que le chef de cette armée secrète était Ali Hassan Salameh, surnommé le Prince rouge, parce qu'il était sanguinaire. Pour les Palestiniens, Salameh était le responsable de la sécurité de la garde présidentielle d'Arafat, pas l'instigateur du massacre de Munich. Bien qu'il fût l'homme le plus recherché au monde, il parvenait toujours à filer entre les doigts du Mossad.

Jusqu'au jour où le service de renseignement israélien a cru qu'il se trouvait en Norvège. En juillet 1973, des agents suivent un espion algérien du nom de Kamal Benaman à Oslo puis à Lillehammer. Ils pensent à un rendez-vous secret avec Salameh. Un commando de l'unité d'élite des tueurs du Mossad est alors envoyé sur place. Benaman est suivi à la trace. Dans un café, il croise un autre Arabe. L'ennemi numéro un, le Mossad en est sûr. Car deux Arabes qui se croisent en Norvège, c'est comme deux Français sur le mont Fuji, ils se connaissent forcément.

Le 21 juillet 1973 au soir, le terroriste palestinien va au cinéma en compagnie d'une Norvégienne. Après le film, ils prennent le bus et descendent dans une rue déserte. Soudain, une voiture s'arrête. Deux agents du Mossad en sortent et le criblent de treize balles. Les médias norvégiens annoncent le meurtre dès le lendemain. Le Mossad s'est trompé de cible. Ahmed avait 30 ans.

L'affaire ne fait que commencer. Très vite, deux agents du Mossad sont arrêtés par la police et avouent tout. Ce qui mène à l'arrestation de quatre autres espions, dont deux dans l'appartement du responsable de la sécurité à l'ambassade d'Israël, à Oslo. La bavure prend une tournure internationale. Plus encore pendant le procès où les méthodes des services secrets israéliens sont révélées ainsi que les dessous de l'opération de Lillehammer.

C'est une histoire de pieds nickelés. La photo du Prince rouge entre les mains des espions est floue, et les infos qui remontent du terrain sont déconcertantes : le prétendu Salameh se déplace à vélo sans gardes du corps alors qu'il est le terroriste le plus traqué de la planète. À la piscine municipale, l'une des espionnes enfile un maillot de bain et se rapproche de lui. Elle découvre avec stupéfaction qu'il parle le français, et non pas l'arabe comme aurait dû le faire leur homme. Les agents les plus rodés du commando s'interrogent.

En réalité, les chefs du Mossad avaient tellement soif de vengeance qu'ils n'ont pas pris en compte les faits.

Après le meurtre d'Ahmed, le vrai Salameh a fait des déclarations cinglantes dans la presse. Il s'était réfugié à Beyrouth, et il était bien vivant.

À Arles, c'est l'incompréhension. La situation au Moyen-Orient, personne n'en savait rien. J'étais dans mon petit paradis gitan, mes frères et sœurs avaient leur vie à eux. Mes parents ne savaient même pas qui était Arafat. Soudain, nous voilà fracassés en mille morceaux.

Je crois que mon père s'est senti un peu coupable. À chaque fois que l'aîné revenait à Arles après avoir bourlingué, il lui disait de s'installer et de fonder une famille. Une fois, il a caché son passeport pour éviter qu'il ne reparte. Mais, évidemment, rien n'arrêtait Ahmed.

Mon grand frère aimait sa vie. Il était serveur, maître-nageur, prof de karaté pour la police de Bergen. Il n'était pas riche, mais il était heureux. Il avait plein de copains en Norvège. Pour un étranger, il était drôlement bien intégré.

Il aurait été difficile de ne pas entendre parler de l'affaire. L'Agence France-Presse publiait des dépêches tous les jours. Il y avait des articles dans *Le Monde*, des reportages à la radio et à la télé. Les médias norvégiens étaient tellement sidérés par la « bavure » de Lillehammer, où il n'y avait pas eu de crimes depuis 1936, qu'ils la traitaient abondamment, tout comme les journaux scandinaves, la presse libanaise et du Moyen-Orient. Le magazine américain *Time* s'y est intéressé, et le quotidien israélien *Haaretz* a même demandé à Golda Meir de s'expliquer.

Le plus dur a été le soupçon jeté sur Ahmed. Certains articles spéculaient honteusement sur sa mort et le faisaient passer pour un militant palestinien, voire pour un espion. Dans notre entourage, on nous demandait s'il n'était pas secrètement lié à l'OLP. Il n'y a pas de fumée sans feu, disait-on. Pourquoi le Mossad l'aurait tué, sinon ?

À partir de là, dans la famille, on a mis un couvercle, et on n'en a plus parlé. En préparant ce livre, j'ai demandé à mes frères et sœurs de me raconter ce dont ils se souvenaient du jour de sa mort. Une conversation qu'on n'avait jamais eue. Cinquante ans après sa disparition, le chagrin est le même. Le Mossad a assassiné un fils, un frère et un père de famille. Toril était enceinte de Malika lorsqu'il a été exécuté sous ses yeux.

Israël n'a jamais présenté d'excuses. C'est incompréhensible. Quand on bouscule quelqu'un dans la rue, la moindre des choses est de s'excuser. Mais pas quand on assassine quelqu'un par erreur ? On ne voulait pas grand-chose, juste qu'Israël demande pardon.

Mes parents sont morts de chagrin. Certains membres de la famille n'ont jamais vraiment pu faire leur deuil. Ma sœur Maria m'a confié qu'elle imaginait notre frère quelque part en Norvège, vivant une vie heureuse. Zoubida était enceinte en même temps que Toril. Elle venait d'accoucher de Kacem lorsque la tragédie est survenue. Le dernier mot qu'elle a reçu de lui était pour la féliciter de la naissance de son fils. Elles ont aussi été très marquées par Ahmed, elles ont transmis à leurs enfants sa passion pour le blues. Je ne sais pas qui n'est pas bouleversé par cette musique chez les Bouchikhi.

Ahmed était un ressortissant marocain, pas français. C'est sans doute la raison pour laquelle le gouvernement français ne s'est pas mêlé de cette histoire. Il aurait peut-être pu intervenir et faire pression sur Israël. En revanche, le gouvernement norvégien ne s'est pas démonté. L'affaire a dégradé les rapports diplomatiques entre les deux pays pendant longtemps.

Le roi Hassan II est aussi intervenu, en faisant rapatrier le corps d'Ahmed de Norvège. Il est enterré à Oujda, la petite ville quasi frontalière avec l'Algérie d'où est originaire mon père. Il a eu droit à des obsèques solennelles. Seuls mes parents y ont assisté. Bobby est reparti travailler à l'île du Levant. Chaib et moi, à Saint-Tropez. À Oran, Maria et Zoubida n'ont pu être présentes. N'ayant pas de passeport, il leur était impossible de traverser la frontière. Mais, le jour de l'enterrement, tout le village d'Oujda est venu.

À Arles, mes parents ont organisé un office religieux. Il y avait du monde partout. C'était comme un pèlerinage. Mon père était habillé en blanc. Chaib m'a dit qu'il l'avait entendu chanter. Je ne m'en souviens pas. Il m'a confié aussi que mon père lui avait dit de ne plus se faire de souci pour Ahmed car il était maintenant près de Dieu. C'était le *hadji* qui parlait. Car le chef de famille a eu le cœur brisé. Il n'a jamais plus été le même.

4

Un nouveau départ

Après la mort d'Ahmed, j'avais besoin d'aller voir ailleurs. Trop de tristesse à la maison. Sur un coup de tête, je suis reparti à Londres. C'était l'hiver 1974.

Un copain m'hébergeait chez lui, dans le quartier de Westminster. Ce n'était pas le plus animé, mais c'était Londres ! On logeait à plusieurs dans le même petit meublé. Et il y avait Moussa, mon meilleur ami à Arles ; son grand frère était le meilleur ami d'Ahmed.

Mes colocs, tous français, ont vite trouvé du travail dans l'hôtellerie et la restauration, mais pas moi. Les jours passaient. La situation commençait à m'inquiéter. Et puis, l'un de mes copains m'a dit qu'il repartait en France et quittait son poste au très chic hôtel Intercontinental, à Hyde Park. J'ai sauté sur l'occasion. « Mais tu ne parles pas anglais, Chico. Ça ne marchera pas ! » Moi, je ne lâche jamais l'affaire : je l'ai tanné, relancé, et il a fini par accepter de me présenter à la DRH.

Mais comment passer un entretien d'embauche alors que je sais juste dire *hello*, *goodbye*, comme la chanson des Beatles ? Je convaincs mon ami de venir au rendez-vous avec moi. J'élabore un plan : comme on sera assis côte à côte, il me donnera un petit coup de pied pour dire oui, et restera immobile pour non. Mon copain n'y croit pas une seconde, mais il accepte. Et c'est ce qu'on fait. « *Have you ever worked as a floor housekeeper?* » demande la dame. Petite tape du pied. Je garde un air sérieux. *Yes !* « *Do you live in London?* » *Yes !* « *Are you available now?* » Encore *yes !* « *Do you have any questions for us?* » Cette fois, pas de coup de pied. *No !* Quinze minutes plus tard, j'étais embauché. Mission accomplie.

Me voilà garçon d'étage. Cela consistait à alimenter les femmes de chambre en linge lorsqu'elles nettoyaient. Ne connaissant pas les termes anglais pour désigner les draps ou les serviettes, j'avais dessiné les articles sur des bouts de papier que j'avais collés sur les casiers où tout était bien rangé. Un *towel* ? Je regardais mon croquis, tac. Un *pillowcase* ? Nouveau coup d'œil, problème réglé. La journée se passait ainsi. Les femmes de chambre, toutes étrangères, étaient sympas. Je me disais que ce job n'était pas si difficile.

Erreur ! Le lendemain, on m'a changé d'étage. Là, le linge était rangé de façon différente : la catastrophe. D'autant plus que tout était réglé au millimètre. On n'a pas eu le temps de m'expliquer quoi que ce soit, à moins de parler *english*… Il fallait aller vite. J'étais perdu, les femmes de chambre s'impatientaient. J'ai balbutié des excuses avec mes *hello, goodbye*.

Dans l'urgence, j'ai attrapé une femme de chambre italienne que j'avais repérée. Elle a dû voir la détresse dans mes yeux, elle m'a gentiment traduit les mots en français. J'observais, j'enregistrais. Les jours suivants, quand j'ai changé d'étage, je me suis tout de suite adapté. Je suis resté deux mois dans cet hôtel.

Londres n'était pas de tout repos, mais c'était chouette, même si on vivait dans la misère, on n'avait pas un rond. On aimait faire un tour chez les disquaires, mettre de gros écouteurs et passer des vinyles de groupes anglais. On est allés en boîte de très rares fois.

Le plus souvent, je me promenais. J'ai exploré tous les parcs de la ville en long et en large : Green Park, Hyde Park, Regent's Park, St James's Park, Victoria Park. Dès qu'il y avait le mot *park*, je m'y rendais. C'était beau, gratuit, et j'adore les arbres. D'ailleurs, partout où j'ai vécu, j'en ai planté.

Le vrai spectacle, c'était dans la rue. Le carrefour de Piccadilly Circus, l'une des artères centrales de la ville avec ses enseignes de pub géantes, grouillait de monde. Notting Hill était un quartier à la mode, mais en ruine, fréquenté par les artistes. Des coins comme Camden Town et East London, c'était La Roquette puissance mille. On y trouvait des communautés pakistanaise, indienne, jamaïcaine, trinidadienne, dominicaine, guyanaise…

Tout marchait avec des pièces : le chauffage, par exemple, à l'appartement. Un jour où il faisait un froid de canard, j'ai voulu prendre un bain bouillant. Au moment où je me suis glissé dans la baignoire, le radiateur s'est arrêté. La tuile ! Je me suis levé, séché, et suis allé au compteur. Plus de pièces. À l'impossible, nul n'est tenu. J'ai pris un tournevis, ouvert le boîtier, récupéré de quoi faire durer le chauffage pendant des heures, bourré l'appareil, et je me suis remis dans le bain. Ni vu ni connu.

Évidemment, le lendemain matin, un type a sonné à la porte pour collecter les pièces. Il s'est aperçu que quelqu'un avait trafiqué le boîtier. Il s'est énervé, a menacé d'appeler la police. Mes copains étaient choqués. Comme ils ne savaient pas ce que j'avais fait, ils pensaient qu'il était venu pour nous embrouiller. Ça a commencé à être chaud, mais ils lui ont fait une pirouette et il s'en est allé. Je leur ai raconté bien plus tard ce qui s'était vraiment passé. Ils ont bien rigolé, alors que sur le moment ils m'auraient collé des baffes. Ahmed racontait toujours ce genre d'histoire : des situations vraies, qui devenaient parfois surréalistes, mais toujours marrantes.

Après trois mois, Moussa et moi, on s'est aperçus que notre visa allait expirer. Si on est arlésiens, lui est un ressortissant algérien, moi, marocain. Je me suis dit que le moment était venu de bouger. Plutôt que de rester encore quinze jours à Londres, j'avais envie d'aller faire un saut en Norvège. Ce n'était pas si loin ; un ferry m'a conduit à Oslo, puis un train à Lillehammer. À l'époque, personne ne connaissait cette petite station de ski. Elle est devenue célèbre à la mort de mon frère, puis lorsque les Jeux olympiques d'hiver s'y sont déroulés en 1994.

Me retrouver en face de Toril m'a fait un drôle d'effet. C'était une belle femme, mais éteinte. Elle n'est jamais passée à autre chose, comment aurait-elle pu ? Elle vivait à deux pas de la scène du crime, dans une barre d'immeubles de la banlieue, et se refaisait le film tous les jours dans sa tête. Heureusement, il y avait Malika. Elle avait six mois et les yeux de son père, une vraie Bouchikhi !

Je n'ai pas vu le temps passer. Je regardais les affaires d'Ahmed, que Toril avait soigneusement gardées. Je parcourais sa collection de vinyles ; j'en ai copié plein sur K7, des disques de blues, forcément. Je contemplais leur photo de mariage : elle, épanouie dans sa robe, lui, tout sourire dans son costume bleu ciel années 1970.

Entre Toril et moi s'élevait la barrière de la langue : on communiquait surtout avec les mains, et je l'observais. Elle n'était qu'une blessure restée à vif. Six mois s'étaient écoulés depuis la mort d'Ahmed, on était tous encore sous le choc.

J'étais curieux de découvrir la Norvège, je voulais comprendre ce qui avait tant attiré mon frère, qui y avait vécu huit ans. Toril s'est bien occupée de moi. Elle m'a initié au ski de fond. Parfois, on enfilait des raquettes et on partait faire des balades en montagne. Entre les paysages neigeux et les cerfs qu'on croisait, j'avais l'impression d'être dans un film ! Elle m'a emmené dans des endroits où l'on pouvait écouter le silence. Je ne savais même pas que c'était possible.

Au fil des jours, je me suis dit que ce qui avait plu à Ahmed, c'était cet autre mode de vie, ces couleurs différentes. En fait, la Norvège était l'opposé de ce qu'il avait connu à Arles et en Algérie. Cela lui apportait un équilibre. Et Toril était la femme de sa vie.

Je me suis toutefois toujours demandé comment il avait pu s'adapter aux horaires des repas. Les Norvégiens mangent très tôt le matin puis grignotent vers 16 heures, puis dans la soirée. Moi, j'étais affamé. Et à 18 heures, il faisait nuit noire. On était loin de Saint-Tropez…

Quand j'y repense, je ne suis pas sûr que Toril et moi ayons abordé, ne serait-ce qu'une fois, le sujet du procès des membres du commando du Mossad. Il avait eu lieu deux mois avant mon arrivée, en janvier 1974. Comme on n'avait pas de langue commune ni personne pour servir d'interprète, notre conversation ne pouvait pas aller bien loin.

Pourtant, ç'a été un procès unique en son genre. Pour la première fois, des agents du Mossad comparaissaient devant un juge. L'affaire était si grave qu'elle avait été portée devant l'équivalent d'une cour d'appel française. S'il devait y avoir un recours, il ne pourrait être interjeté que devant la Cour suprême.

Sur le banc des accusés, quatre hommes et deux femmes, inculpés de complicité de meurtre. En Norvège, ce motif était aussi grave que celui de meurtre. Ils risquaient la prison à vie. L'équipe d'espions était internationale, on comptait la Sud-Africaine Sylvia Rafael, également de nationalité israélienne, le Danois Dan Aerbel, la Suédoise Marianne Gladnikoff, et trois

Israéliens, dont un ancien diplomate. Les assassins d'Ahmed n'ont jamais été retrouvés.

De nouveau, le soupçon a été jeté sur mon frère. Aerbel a maintenu qu'Ahmed était un agent de liaison avec l'Algérien Kamal Benaman, que le Mossad avait suivi jusqu'à Lillehammer. Au procès, il est le seul à avoir confirmé son appartenance au Mossad et le but de l'opération, censée empêcher une action de Septembre noir en Scandinavie. Puis, il s'est rétracté.

Personne n'a avoué son vrai rôle. Selon les accusés, la mission consistait en des filatures. Ils ne prévoyaient évidemment pas qu'une opération du commando d'élite de tueurs du Mossad aurait pour conséquence un assassinat. Ils devaient rassembler des renseignements, c'est tout. Sylvia Rafael, l'une des plus rodées de l'équipe, a déclaré, sans prononcer le mot « Mossad », qu'elle faisait partie d'un groupe d'amis venus venger les victimes israéliennes du massacre des JO de Munich, et qu'elle regrettait le meurtre par erreur d'Ahmed. Tous ont plaidé non coupable.

La Norvège a été très secouée. Et puis personne ne se doutait que sa police était si efficace. Dans la nuit du 21 juillet 1973, une habitante résidant près de l'endroit où mon frère avait été assassiné a aperçu une Peugeot blanche filer à toute vitesse. Un jeune couple avait assisté à la scène, et l'un d'eux avait noté la plaque d'immatriculation. Plus tard, un policier en poste sur un barrage entre Lillehammer et Oslo a vu ce même véhicule et noté sa plaque. Le lendemain, Aerbel et Gladnikoff ont ramené leur Peugeot de location à l'aéroport. Dans la voiture derrière eux, une alerte était diffusée à la radio. Le conducteur norvégien a fait signe à la police qui a arrêté les deux suspects.

Pourquoi ces derniers n'avaient-ils pas abandonné leur véhicule, comme l'aurait fait n'importe quel espion qui se respecte ? Parce qu'Aerbel avait acheté une lampe scandinave pour son appartement en Israël. Une fois mon frère exécuté, il n'a pas voulu partir sans son petit souvenir.

Ce n'est pas tout : en garde à vue, il s'est révélé claustrophobe. Et Gladnikoff, qui n'avait pas fini sa formation au Mossad, n'était pas prête pour un interrogatoire. La police n'a eu aucune difficulté à les faire craquer. Ils ont donné les adresses de leurs planques, leurs contacts et les modes opératoires de l'agence de renseignement israélienne, ce qui a mené à d'autres arrestations. Sûr de lui, Aerbel avait communiqué un numéro de téléphone à Jérusalem pour régler l'affaire par le canal diplomatique. Un canal qui n'a pas si bien fonctionné…

Quand je parcours les coupures de presse que ma sœur Zoubida découpait chaque jour, je lis aussi que la police n'a pas hésité à enfreindre l'immunité diplomatique de l'attaché de sécurité à l'ambassade d'Israël, à Oslo, pour se rendre dans son appartement et arrêter deux des six agents secrets sur le banc des accusés.

Elle surveillait aussi depuis un moment le resto du père de Toril et celui où Kamal Benaman avait croisé Ahmed, soupçonnant un trafic de drogue. Ce que le

Mossad ignorait. Lorsque la police a arrêté les espions, elle pensait avoir affaire à des trafiquants.

Le père de Toril les a reconnus immédiatement, car ils étaient venus dans son café. Des étrangers équipés de talkies-walkies, à bord de voitures de location neuves dans une station de ski vide en juillet, grande comme un mouchoir de poche, ça saute aux yeux.

Le procès a été suivi par la presse internationale et sans doute par les services secrets du monde entier. Chaque jour, ils avaient droit à une master class sur les méthodes du Mossad. Le gouvernement français y a peut-être aussi prêté une oreille attentive. L'un des accusés avait officié comme premier secrétaire à l'ambassade d'Israël à Paris et un autre, comme chauffeur pour cette même ambassade.

Il a été question de Paris plus d'une fois. La responsable de la section internationale de la brigade criminelle à Oslo a révélé que la plupart des accusés avaient opéré à partir de la capitale française. Pour le procureur norvégien, pas de doute : les membres du commando étaient aussi impliqués dans le meurtre de Palestiniens à Paris. Ils n'étaient pas des enfants de chœur uniquement doués pour la filature comme ils le prétendaient.

Après trois semaines de procès, le verdict est tombé le 1er février. La cour a d'abord observé que le meurtre d'Ahmed devait être examiné dans le contexte de la guerre du Proche-Orient. Cela a joué en faveur des espions. Ils ont été condamnés à un à cinq ans et demi d'emprisonnement. Des peines clémentes.

La plupart ont fait appel. Dan Aerbel a obtenu un recours en grâce, en raison de troubles psychiques, puis il est reparti en Israël. Un autre a bénéficié d'une liberté conditionnelle et a quitté le pays. Les quatre condamnés restants ont fait moins de cinq ans de prison. Sylvia Rafael a épousé son avocat à sa sortie, quinze mois plus tard. Tout est bien qui finit bien pour les agents du Mossad. Et toujours aucune excuse d'Israël…

Après avoir bourlingué pendant trois mois, j'étais prêt à retrouver mes gitans. Mais ça a été le parcours du combattant ! J'ai repris un ferry pour l'Angleterre. Sitôt arrivé, un douanier m'a demandé de me mettre sur le côté. Il m'a dit que je ne pouvais pas entrer sur le territoire. Motif ? Visa expiré. Je lui ai expliqué que je rentrais en France, pas à Londres. Il n'a rien voulu entendre. J'ai été obligé de reprendre un ferry pour la Norvège… Dans le bateau, j'ai entendu mon nom dans les haut-parleurs : le contrôleur me demandait de payer un billet, or, j'avais juste de quoi rentrer en France. Compréhensif, il m'a laissé tranquille.

À Bergen, un comité d'accueil sympa m'attendait : des policiers. Je leur ai raconté ce qui m'était arrivé, avec mon anglais limité. « *No England, no visa.* » Ils m'ont fait monter dans leur voiture après m'avoir pris mes papiers et mon argent. J'allais finir derrière les barreaux, j'en étais sûr.

Pourtant, ils m'ont conduit à la gare et m'ont acheté un billet de train pour Lillehammer. Ils avaient dû se renseigner sur moi. Quand elle m'a vu sur le pas de la porte, Toril n'en croyait pas ses yeux. Elle m'a prêté de l'argent et je suis rentré en avion.

Saint-Tropez, enfin !

La fois précédente, j'étais venu en éclaireur avec les gitans. Maintenant, on reste toute la semaine sur place, et on ne dort plus dans la voiture. On loue une caravane dans un camping que j'avais repéré, entre Sainte-Maxime et Saint-Tropez.

À force de chercher des plans pour gagner de l'argent, je me suis aperçu que la baie de Pampelonne, à proximité de Saint-Tropez, était une seule et même plage et qu'il y avait des restos tout le long des cinq kilomètres de sable, soit d'autres lieux où jouer. On s'est mis à faire l'aller-retour.

Il y avait notamment le Tahiti Plage, le Club 55, le Moorea Plage, La Voile rouge, L'Esquinade. Chacun avait sa personnalité et son public, mais la *jet-set* était partout. Au fil des années, on est passés par chacun de ces endroits ; à ce moment-là, je défrichais encore. Et je m'occupais de tout : conduire les Reyes, les payer, les tenir en place, chercher un logement…

Ce n'était pas si simple de travailler avec eux. Ils étaient si peu organisés qu'il fallait les prévenir qu'on partait une semaine à l'avance, puis le leur rappeler trois jours avant, puis la veille, et ne pas les lâcher d'une semelle une fois sur place. C'est pour ça, aussi, que José m'aimait bien. Il se fiait à moi.

Un jour, je me suis présenté à Robert Rameau, le patron du Moorea. Tout de suite, il m'a dit qu'il aimait les gitans. Il savait de quoi il parlait : chaque année depuis dix ans, il se rendait au pèlerinage des Saintes-Maries-de-la-Mer, et voyageait en Espagne. Il adorait le flamenco. Quand il nous a entendus, Robert était aux anges, ses clients aussi. À la fin du spectacle, il a prononcé les paroles de Clémentine : « Vous avez mangé ? »

Avant qu'on n'ait eu le temps de lui répondre, il nous a installés à une table et donné la carte comme si on était des princes. On a commandé de grosses gambas grillées comme qu'on n'en avait jamais vu. D'ordinaire, après des animations, on mangeait dans les cuisines. Une fois, on nous a donné trois rondelles de saucisson à nous partager…

Dès le début, Robert nous a accueillis comme des amis. Il a reconnu notre talent et s'est toujours montré bienveillant envers nous, ce qui n'était pas le cas de son associé, Félix Giraud. J'avais une telle complicité avec Robert que, très vite, il m'a dit qu'on avait une table réservée chez lui. Pendant quinze ans, le Moorea a été l'un de nos repaires.

Chaque jour, on bossait dur, mais on était comme dans un rêve éveillé. Les femmes étaient belles, allongées, seins nus sur des matelas ou sur le sable. Dès qu'on jouait, elles étaient envoûtées. Nous, on ne leur résistait pas. On était jeunes, beaux, on voulait vivre.

À ce moment-là, j'avais troqué mes bongos pour ma guitare. Avant, lorsqu'il fallait récupérer la monnaie, je les retournais. Cela faisait son petit effet, et ça changeait du chapeau. Canut, Patchai, Nicolas et moi, on mettait une super ambiance en jouant les morceaux de José.

D'ailleurs, le patriarche se demandait ce qui se passait dans ce coin où l'on pouvait gagner un peu d'argent et où il y avait tant de belles femmes. Ce grand charmeur voulait voir ça de plus près. Il est venu passer deux ou trois jours. On lui a loué une caravane au camping.

Notre présence commençait à être appréciée à Saint-Tropez. Quand Francis Jacquemin, le patron de Sénéquier, nous apercevait sur le port, il disait : « Ça, c'est mon écurie ! » Du côté de la place des Lices, José a chanté une chanson ou deux avec nous. Il avait une telle aura que tout le monde s'est arrêté pour l'écouter.

Grâce à lui, on a retrouvé cet automne-là Manitas à *Midi Trente*, l'émission de variétés qu'animait Danièle Gilbert sur l'ORTF. Puis, au théâtre des Champs-Élysées, à Paris, durant dix jours, pour fêter les dix ans de carrière du guitariste. Il m'avait proposé de remplacer Patchai, qui venait de perdre son beau-père, et de les emmener. Comment refuser ? Mais j'avais un problème : la Simca de Bobby avait lâché. Plus de voiture pour monter à la capitale…

Quand Ahmed est mort, le roi du Maroc, Hassan II, a offert à mon père une licence de taxi pour subvenir aux besoins de sa famille. C'était très courant. Au bled, il y avait des taxis partout. Mon père a alors acheté une Peugeot 504 familiale bordeaux, un véhicule très populaire dans les années 1970 parce qu'à un prix accessible.

Comme il n'avait pas le permis de conduire, elle était garée en bas de la maison en attendant qu'on la transporte au Maroc. Moi, j'avais envie de l'acheminer à Paris. Me la prêter ? Hors de question.

Mes instincts d'enfant turbulent sont revenus. À l'aube, j'ai cassé le réflecteur avant et fait démarrer la voiture en joignant les fils sous le volant, comme si j'avais fait ça toute ma vie. J'ai récupéré José et ses fils. Direction Paris ! Comme c'était une Peugeot break, on voyageait dans des conditions confortables.

On logeait à l'hôtel Michelet-Odéon, place de l'Odéon, celui même où José et Manitas descendaient, et auquel nous sommes restés fidèles pendant vingt-cinq ans. Paris me faisait rêver. La première fois que j'y étais venu, adolescent, c'était lors d'un voyage en bus avec d'autres jeunes Arlésiens. J'avais été sélectionné pour un événement de karaté et j'étais surtout excité à l'idée de vadrouiller dans la ville. Alors venir à Paris avec Manitas, c'était incroyable.

Il était au sommet de sa carrière. Véritable star du flamenco, il se produisait dans les salles les plus prestigieuses du monde, que ce soit à New York, Londres ou Paris. Quand il m'a vu pour la première fois, il a dit : « C'est qui, lui ? » José lui a répondu : « Mon neveu du Nord. » Je me suis installé aux côtés des Reyes, ma guitare à la main, pour mon baptême du feu sur une vraie scène.

Chaque soir pendant dix jours, trois groupes se succédaient : Manitas, José et Los Reyes, Hippolyte Baliardo et les Baliardo, ainsi que des danseuses. Manitas était la vedette, mais dès que José prenait le micro, on ne voyait que lui. Le Blond se retrouvait alors relégué au second plan. Des extraits du concert ont été diffusés à la télé. Quand mon père m'a vu à l'écran, il est resté ahuri. « C'est sûrement une rediffusion », a glissé ma mère pour sauver la situation. Merci maman, la championne de la diversion !

Des années plus tard, après avoir quitté les Gipsy Kings et alors que Manitas prenait de l'âge, je lui ai proposé de m'accompagner pour une tournée en Amérique du Sud. Il vivait pour la musique, le jeu et les femmes, mais c'était un grand enfant.

Une fois, il a perdu sa valise à l'aéroport. Il a piqué une de ces crises. Il jurait que tout ce qui comptait dans sa vie était là-dedans : ses chemises, son Picasso, ses biens les plus précieux. Deux jours après, la valise est arrivée. Il n'y avait que quelques bricoles à l'intérieur. Une autre fois, quand mon manager Ruedi Ledermann, en poste depuis 1991, lui a demandé s'il répétait avant les concerts, il a simplement répondu qu'il ouvrait l'étui de sa guitare pour la laisser respirer.

Sur scène, je le regardais et me revoyais la première fois que je l'avais rencontré, alors qu'il ne me connaissait pas. À la fin de sa vie, j'étais le seul à lui offrir du travail et de la considération. Le plus ironique, c'est que cela se passait tandis qu'on se déchirait, les Gipsy Kings et moi, et qu'ils disaient les pires horreurs sur mon compte. Certains ont pensé que je ne devais pas être si mauvais que ça puisque j'engageais Manitas. Il m'a donné une certaine légitimité.

Ces dix jours au théâtre des Champs-Élysées ont été aussi importants que mon premier voyage à Saint-Tropez avec Bobby et Nicolas. Sur le moment, je ne savais pas trop ce que je faisais, mais ça a préparé la suite. Le déclic de la scène allait venir, et ma connaissance rudimentaire de l'anglais, me servir pour trouver un nom international au groupe.

5

Partitions de voyage

Si cette Peugeot 504 est associée à jamais à mon premier concert avec Manitas et les Reyes, elle l'est aussi à l'un des plus beaux voyages de ma vie.

Mon père avait besoin de la transporter au Maroc pour qu'elle serve de taxi. Ma mère me répétait constamment que je devrais l'y emmener, alors que moi, je ne pensais qu'à traîner avec les gitans place du Forum et à jouer de la musique. Heureusement, elle a beaucoup insisté.

Je suis parti un matin d'Arles avec mon père et un ami à lui, qu'on a déposé en cours de route. C'était la première fois qu'on passait autant de temps ensemble, lui et moi. On a roulé jusqu'à Almería, en Espagne, puis on a pris un bateau jusqu'à Melilla, au Maroc, et on a repris la voiture en direction d'Oujda, sa ville natale. Durant le trajet, j'aimais particulièrement écouter la radio locale, française puis espagnole et marocaine, ça allait bien avec le paysage qui défilait.

Mon père était taiseux comme toujours, mais il avait les yeux grands ouverts. Il avait peu voyagé dans sa vie. Il connaissait par cœur les montagnes séparant le Maroc de l'Algérie pour les avoir parcourues mille fois quand il était contrebandier, c'était à peu près tout. Comme il ne conduisait pas, il voyait son pays un peu pour la première fois.

J'étais au volant, mais il pointait la direction, disait dans quel village s'arrêter pour saluer tel cousin ou tel neveu. À un moment, on a atterri dans une petite station thermale. C'était nouveau pour moi.

Durant ces trois semaines de voyage, il m'a donné l'impression de reprendre goût à la vie. Ça faisait du bien de le voir dans cet état. Depuis la mort d'Ahmed, il était rongé par le chagrin.

Après Oujda, on a traversé la frontière et gagné Tlemcen, en Algérie. Puis, on a fait demi-tour pour rendre visite à un oncle à Rabat et récupérer Bobby. Et on est repartis dans l'autre sens afin d'aller voir mes sœurs à Oran.

Mes sœurs et moi, on a un point commun : une mémoire d'éléphant. Mes frères aussi, mais Zoubida encore plus. Elle a tout gardé : les photos et les vinyles d'Ahmed, les coupures de presse du procès. Maria n'est pas mal non plus dans le genre ; la fameuse bassine où on se lavait, enfants, à Pont-de-Crau, elle l'a encore ! Elles vivent au bled depuis plus de cinquante ans et continuent de parler le français, pas l'arabe. Elles ont conservé leur bel accent. C'est Arles en Algérie.

En fin de compte, mon père n'a pas laissé sa 504 à Oujda. Quand il a vu la tête de voleur de son futur associé, il a compris qu'il ne la reverrait pas et qu'il ne toucherait pas un dirham. Cette licence de taxi ne lui a jamais servi. De toute façon, il n'était pas un homme d'affaires. Il vivait tellement dans une autre dimension qu'avec lui, le moindre détail du quotidien pouvait prendre une tournure comique.

Quand je suis arrivé en Espagne avec Bobby et lui, après avoir pris le bateau depuis Tanger, il m'a demandé qu'on s'arrête pour manger un morceau. J'ai trouvé un petit boui-boui. Tandis qu'on entrait dans cet endroit un peu sombre, mon père a salué tout le monde d'un amical : « *Bon día* », puis il a levé les yeux et a vu les nombreux jambons suspendus. Il s'est retourné *illico* : « On ne reste pas. Ce n'est pas bon ici ! » Pour les musulmans, le porc, c'est de la kryptonite…

Plus tard, lorsqu'on est arrivés à la frontière française en pleine nuit, le douanier s'est adressé à Bobby, qui avait pris le volant : « Il est où, le hash ? » Mon père, venant de se réveiller, lui a répondu : « Mais, Monsieur, on n'a pas de hache. » Le douanier a éclaté de rire et nous a laissés passer. Je revois encore le *padre* émerger de la banquette arrière et lui dire ça, d'un air innocent.

La réussite du voyage tenait en partie à la voiture. Combien de bagnoles pourries j'ai conduites durant ces années de galère ! Après que la Simca de Bobby a lâché, j'ai acheté d'occasion. Pour 1 000 ou 2 000 francs, c'était de la camelote. J'ai eu trois Renault R16, une Peugeot 403, une DS dont on m'avait cassé le siège avant. Parfois, je tombais en panne et laissais ma voiture sur le bord de la route. En général, elles rendaient l'âme au bout de quatre mois, bonnes pour la casse. On n'était pas très écolos à l'époque.

Un été, alors qu'on allait à Saint-Tropez, je conduisais une Peugeot 404. Son système de chauffage était déglingué, je roulais avec le chauffage allumé et les vitres ouvertes… Il faisait 40° dedans et autant dehors. Un four mobile !

Une fois, Patchai a voulu acheter des œufs car les gober crus, c'est excellent pour la gorge, me répétait-il. Ce qu'il a fait. Sauf qu'avec nos conditions de voyage optimales, il était aphone en arrivant. Le soir, impossible de chanter. On est repartis le lendemain comme des couillons.

J'inscrivais tout cela dans un coin de ma tête. Avoir une voiture qui roule correctement, c'était essentiel. En avoir une assez grande pour transporter le groupe, encore plus. Je pensais en manager. De fait, j'étais celui des Reyes. Je commençais à analyser toutes les situations de cette manière.

Par exemple, je me suis vite aperçu que les fils Reyes ne faisaient aucun effort vestimentaire. Ils partaient vêtus comme ils étaient. On croisait d'autres bons musiciens à Saint-Tropez, mais ils étaient tellement crades que personne ne les calculait. Avec moi, ce ne serait pas le cas.

Dès qu'on se produisait quelque part, je voulais qu'on soit raccord. À la plage, on portait des petits maillots et des baskets, car les espadrilles tropéziennes, ce n'est pas idéal pour marcher des kilomètres. Dans les restaurants, chemise et jean. Plus tard, des chemises brodées super élégantes. Quand j'en ai eu les moyens, j'ai acheté des bottines en croco pour tout le monde. Cette attention au détail nous a permis de nous élever.

Puis, quand on a commencé à animer des soirées privées, je récupérais les vêtements et les apportais ensuite au pressing, sinon, ils finissaient en lambeaux ou l'une des épouses Reyes laissait des traces de fer à repasser dessus. Et j'avais un sac pour les bottines. On ne se produisait qu'à Saint-Tropez et dans les environs, mais je préparais nos engagements aussi sérieusement que si on était allés au Carnegie Hall.

Je cumulais tous les rôles : manager, leader, guitariste, comptable, chauffeur, styliste, et même coiffeur. Le soir, je faisais les brushings. C'était ça ou les cheveux en pétard.

Au fond, je suivais l'exemple de José et de Manitas, toujours tirés à quatre épingles. Pas les fils Reyes. Ils étaient ravis que leurs chansons plaisent, mais peu curieux des autres. Leur générosité s'arrêtait avec la musique. C'est pour ça que je suis devenu le porte-parole du groupe. J'étais le trait d'union avec le monde extérieur.

Une femme m'a beaucoup aidé. Elle était baronne et avait un nom à rallonge. Elle s'appelait Jacqueline von Goldschmidt-Rothschild. Pour moi, c'était Jacotte.

Je l'ai rencontrée avec Canut, à Arles, dans un café de la place Paul-Doumer, dans le quartier de La Roquette. « Vous, vous êtes gitans », nous a-t-elle lancé. La baronne me faisait penser à la Castafiore, avec sa crinière de lionne et son léger accent suisse, mais elle était pétillante.

Elle cherchait des musiciens pour animer une fête chez son ami Luc Hoffmann, le philanthrope suisse dont la famille a fondé l'entreprise pharmaceutique F. Hoffmann-La Roche, et dont la fille, Maja, a créé la fondation Luma des années plus tard.

Jacotte se rendait chaque été à Saint-Tropez, le reste de l'année, elle était à Bâle. Ce jour-là, elle m'a laissé son numéro, et on ne s'est plus quittés.

Elle avait cinquante ans, et beaucoup d'allure. On sentait qu'elle venait d'une autre planète. Il n'y avait pas de condescendance chez elle. Elle était très attirée par les artistes et les gens qui sortaient du lot. Au restaurant, elle était du genre à s'extasier devant la beauté d'un type au physique très particulier. Une vraie esthète. Elle ne manquait pas d'esprit, ni d'humour. Devant son mari, grand chasseur et collectionneur de trophées de chasse, elle montrait les têtes d'animaux et lui disait : « Ils te retrouveront. »

Elle nous a façonnés, nous, les petits jeunes d'Arles, ignorants des bonnes manières. Elle nous a appris comment les couverts étaient placés au restaurant, comment les disposer à la fin du repas, comment se tenir. Elle nous donnait des conseils vestimentaires. Les chemises brodées, c'est elle qui nous les a achetées.

Elle était baronne, mais n'avait pas de cour. Le soir, si on jouait dans un resto, elle venait avec ses filles,

Patsy et Henriette, qui avaient notre âge. Ses amis proches se comptaient sur les doigts d'une main. Parmi eux, le peintre Jean-Paul Cleren, le galeriste Georges Barry et l'architecte Roger Herrera. Plus tard, pour mon anniversaire, elle m'a offert une toile surréaliste de Cleren que j'ai utilisée pour la pochette de *Luna de fuego*, le deuxième disque des Gipsy Kings.

Jean-Paul était un formidable artiste et un homme charmant, gentil, discret. Il appréciait notre musique. Lorsque j'ai monté le festival Mosaïque gitane en 1986, je lui ai immédiatement demandé de dessiner l'affiche, ce qu'il a fait sans hésiter.

Quand on jouait chez Jacotte, dans sa maison de pêcheur du quartier du Vieux-Port, elle nous présentait ses amis. À leur tour, ils nous engageaient. Ce qui nous a permis de percer, ce n'est pas seulement la chance, mais surtout notre ténacité. On est revenus chaque été à Saint-Tropez pendant quinze ans.

Le fait de fréquenter des célébrités ne nous est jamais monté à la tête. La presqu'île en débordait. Tout le showbiz était là, sans oublier la *jet-set*, la rive gauche, les gros industriels et les richissimes hommes d'affaires qui venaient en yacht.

De toute façon, les gitans étaient indifférents. Et si je cherchais les plans, je ne me prenais pas pour ce que je n'étais pas. Je dois cette mentalité à ma mère.

Lorsque Jacotte l'a rencontrée, elle a remarqué qu'elle portait un vieux bracelet en cuivre. Ma mère lui a dit que c'était pour soulager ses rhumatismes. Quelques jours plus tard, la baronne est revenue à Griffeuille avec un cadeau : un bracelet en or. Ma mère n'en revenait pas. Elle l'a enfilé à son poignet, mais n'a pas enlevé le bracelet de cuivre pour autant. Moi, je fonctionne de la même manière.

Je pense que José avait saisi cela. Il me savait débrouillard et avait confiance en moi. Cet été-là, il jouait avec Manitas au Sporting Monte-Carlo. J'y ai fait un saut avec Nicolas, Canut et Patchai. Après, on a tous fini au fameux restaurant Le Pirate. De retour à Saint-Tropez, José nous a suivis à La Voile rouge, la plage de Paul Tomaselli.

Paul en avait fait une boîte de nuit en plein jour très prisée par le showbiz. C'est là que j'ai vraiment compris ce que signifiait faire la fête. Les gens étaient dingos, ils dansaient sur les tables. Il y avait des belles femmes partout. Ici, elles se promenaient seins nus et en string ; là, elles étaient portées sur des plateaux. La spécialité de Paul était de sabrer le champagne et de les asperger. C'étaient les années 1970… et l'époque du backgammon et du gin-rami. Les clients jouaient de grosses sommes. Certains gagnaient des fortunes, d'autres en perdaient.

Dans la cuisine, Lucie s'affairait. Originaire d'Italie, elle concoctait des pâtes aux boulettes, au caviar, qu'elle remplaçait parfois par des œufs de lump, ou à la Farouk. Elle était haute en couleur, mais n'était pas trop fan des gitans, alors on se débrouillait côté repas.

Par la suite, Béatrice Mangin, que j'avais connue comme caissière à L'Escale, a ouvert une petite paillote sur la plage où elle préparait tout ce qui manquait à la carte de La Voile rouge, comme des hamburgers, des steaks tartares et des pans bagnats. On la voyait partout à Saint-Tropez, toujours au cœur de la fête, avec son énergie débordante et sa beauté éclatante.

Quand on a débarqué, José a vu que les clients avaient de la sympathie pour nous. Paul nous a salués chaleureusement, les filles nous ont fait la bise. On a entamé une rumba endiablée. Explosion de joie ! Le maître du fandango s'est joint à nous, et ç'a été la *fiesta gitana* ! On est très vite devenus les mascottes de cet endroit. On a contribué à son succès.

À partir de cet été 1975, nos repaires étaient établis : le Moorea, La Voile rouge, le Tahiti. Et la plage pour se rendre d'un point à un autre. En fin d'après-midi, on rentrait se changer et on faisait à la fois le circuit des touristes et celui du showbiz.

D'abord, petit arrêt sur le port, chez Sénéquier, où ça grouillait de monde. Puis, derrière, du côté de la place des Lices. Eddie Barclay jouait aux boules avec ses copains Quincy Jones, Eddy Mitchell, Daniel Hechter, Darry Cowl et d'autres. Ils étaient tranquilles. Cela ne serait venu à l'idée de personne de leur demander un autographe, même si, à certains moments, les gendarmes mettaient des barrières tellement il y avait de monde. On passait aussi au restaurant Nano, une autre institution tropézienne où Bobby était serveur.

Où qu'on aille, on croisait le photographe Pierre. Il était partout, dans les restos et à la plage. Il photographiait non-stop, puis on se rendait dans sa boutique pour acheter ses clichés – à moi, il les offrait généreusement. Plus tard, Bobby est devenu son assistant. Il y avait aussi Jean Aponte, le photographe habitué des boîtes de nuit et des soirées privées.

Tout le monde était ouvert. Des gens de tous horizons se côtoyaient. Aucune barrière, aucune cloison. C'était ça, l'esprit de Saint-Tropez. Et c'est ce qui a rendu possible notre amitié avec Jacotte. Avec nous, elle sortait vraiment du cadre. Qu'est-ce qu'on a rigolé ! Surtout grâce à Canut, un virtuose du canular. Chaque fois, c'était un festival. Sa spécialité : prendre de la colle et fixer la vaisselle à la table. Il se plaisait à jouer ce tour au restaurant. Quand le serveur prenait une assiette, la nappe partait avec lui et tout était cassé. « Canuuut ! »

Un autre gag qu'il aimait : cacher un vieux camembert bien pourri dans les boîtes à gants de voiture, les sacs, les chaussures. L'odeur était si atroce qu'on se demandait presque s'il n'y avait pas un cadavre en décomposition à l'intérieur. Jacotte en a fait les frais en plongeant la main dans sa boîte aux lettres. « Canuuut ! » a-t-elle crié. Puis, en rigolant, il a attrapé le fromage et l'a balancé dans une décapotable qui passait. De temps à autre, il se volatilisait pour réapparaître avec les vêtements de Patsy ou d'Henriette. Il s'amusait à enfiler l'une de leurs robes du soir et à porter l'un de leurs chapeaux. Il était bien perché. Alexis, le mari de

Jacotte, un banquier très sérieux, ne supportait pas son manège. « C'est moi ou tes gitans ! » lui a-t-il lancé, à bout de patience.

José aussi avait connu son lot d'aventures. Une fois, il nous emmène chez le peintre Jacques Winsberg, à Eygalières. On sort les guitares. À la fin, Canut demande où se trouvent les toilettes. On lui indique que c'est par l'atelier qu'il doit passer. Quand il revient, il s'adresse à l'artiste : « Vos tableaux sont vraiment magnifiques. Mais j'en ai vu un qui n'était pas fini. Je me suis permis de le terminer pour vous. » Au portrait inachevé, il avait ajouté une moustache sous le nez et une cigarette à la main. Stupéfaction, sursaut, cri d'horreur. « Canuuut ! » Winsberg n'a plus jamais fait appel à nous…

Pour la petite histoire, son fils Louis s'est mis à la guitare parce qu'il adorait notre groupe, Los Reyes. Il est devenu un excellent guitariste. Mais il n'a jamais eu l'audace de demander à Canut de lui dessiner une pochette de disque… ou d'en retoucher une.

Jacotte nous a ouvert des portes, et pas seulement à Saint-Tropez. Au cours de l'année, elle nous invitait chez elle en Suisse et nous trouvait des engagements. Elle était notre fan numéro un. Quand on se produisait au restaurant Chez Alain, à Bâle, elle venait tous les jours.

À ce moment-là, Canut et moi avions deux copines suisses et on est partis ensemble pour les retrouver. Lui et moi étions très amis, et c'est pour le soutenir que j'avais joué de la guitare devant un public pour la première fois. Comme on était fauchés, le père d'une de ces filles nous avait suggéré d'aller voir du côté de La Grappe d'Or, un resto bien connu à Lausanne. On y est allés, on a joué. À la fin, le patron m'a dit de revenir le soir même, car Charlie Chaplin serait là avec sa famille. J'étais tout excité à cette annonce, mais Canut m'a coupé dans mon élan : « Charlot ? Mais t'as vu ses films ? C'est un clochard ! Il ne nous donnera rien. » Il pensait qu'il était vraiment un vagabond…

Le soir venu, on y est retournés. Pour l'occasion, j'avais choisi une tenue classe : une chemise blanche avec un petit foulard autour du cou. Le vieil acteur était là, entouré de son épouse et de ses enfants. On s'est rapprochés de leur table, et on a interprété des airs lents. Il a souri, et semblé apprécier. Soudain, les larmes lui sont montées aux yeux. L'un de nos fandangos avait dû toucher la corde sensible. Voilà qu'on a fait pleurer celui qui a fait rire la terre entière. Quel compliment inattendu !

C'est aussi en Suisse qu'on a enregistré notre premier disque avec Los Reyes, sur les conseils de Jacotte. Une idée qui ne m'avait même pas effleuré l'esprit. Elle m'a mis en relation avec un luthier qui connaissait Wladyslaw Glowacz, le patron du nouveau label Tudor.

À l'occasion de cet album, j'ai invité José à venir. Jouer en famille et être payé pour ça, c'était top.

Une fois encore, je me suis occupé de tout. Le père Reyes était aux États-Unis avec Manitas. Je lui ai envoyé un télégramme. Il nous a retrouvés à Zurich. Glowacz avait choisi une église plutôt qu'un studio d'enregistrement, car il aimait la réverbération naturelle du lieu.

C'était la première fois qu'on mettait les pieds dans un studio, à l'exception de José. Canut, Nicolas, Pachai, Paul, leur père et moi, on a enregistré une vingtaine de chansons. Le producteur en a choisi douze. La plupart étaient écrites par José et Nicolas. Et il y avait « Entre deux eaux » (« Entre dos aguas ») de Paco de Lucia, qu'on vénérait.

Gitan poète est sorti en 1977. Quand je l'écoute, je retrouve le son de ces années ; il y a un côté traditionnel. Parfois, on entend déjà les Gipsy Kings. À l'époque, on s'appelait encore Los Reyes. Le 45-tours, avec le single « Lailola (No Ablas Mas) », a eu du succès aux Pays-Bas. Mais comme la distribution n'était pas le point fort de Tudor, on n'a eu aucun écho en France.

On travaillait principalement pendant la période estivale. Le reste de l'année, ma mère m'engueulait car je n'avais pas un travail fixe. Pourtant, je m'accrochais. Je savais qu'on avait du potentiel, et mon ami Patrice Angosto me le disait tout le temps. Il dirigeait la Maison des jeunes. Si Arles restait plutôt tranquille en hiver, la ville devenait internationale en juillet grâce aux Rencontres de la photographie, lancées en 1970 par l'écrivain Michel Tournier, l'historien Jean-Maurice Rouquette et le photographe et imprésario de Manitas et José, Lucien Clergue. Pendant un mois ou deux, la crème de la crème des photographes se donnait rendez-vous :

Elliott Erwitt, William Klein, Henri Cartier-Bresson, Ralph Gibson, Jeanloup Sieff, Gisèle Freund, et bien d'autres. Clergue demandait à Patrice d'organiser des concerts pendant cet événement, et nous, on était à l'affiche plus d'une fois. Parmi les spectateurs, à la Maison des jeunes ou au théâtre municipal, on trouvait des pointures, dont certaines que je croiserais plus tard à Saint-Tropez, comme Helmut Newton.

Musicalement, on était un peu bruts. Si j'étais attentif aux tenues de scène, on n'avait pas encore le jeu qui allait avec. Ça, on l'a acquis… au Club Méditerranée !

En cherchant un lieu pour loger à l'été 1977, j'ai remarqué qu'il y en avait un à Saint-Pons-les-Mûres, au-dessus de Port-Grimaud : Les Restanques du golfe de Saint-Tropez. Je me suis présenté au gardien, un Allemand très sympa, et lui ai proposé de jouer pour les vacanciers en échange d'un repas, histoire de faire connaissance avec le patron. Si ce qu'on faisait lui plaisait, il pourrait peut-être nous garder pour la saison.

L'instant d'après, je nous revois autour de la piscine. On met une ambiance incroyable. C'est l'heure du déjeuner, mais les vacanciers restent pour nous écouter. Ils plongent dans l'eau, ressortent, dansent trempés. Au bout d'un moment, un beau mec vêtu d'un paréo, un hibiscus à l'oreille, avec un grand collier en coquillages, prend le micro. Il nous fait applaudir et dit qu'on nous reverra très vite. Stanley Gorsse, le chef de village, emballé par notre musique dès les premières notes, nous a engagés pour la saison.

Stanley avait un logement idéal pour nous. Quelques jours auparavant, il avait acheté vingt caravanes. Il pensait en faire un divertissement pour les enfants et les disposer en étoile autour d'un feu de camp. Maintenant, il avait une vraie attraction !

Los Reyes sont devenus les troubadours du village. On jouait le midi et le soir à l'heure de l'apéro. C'était un an avant *Les Bronzés*, mais l'esprit du film était là. L'ambiance était bon enfant. Le soir, tout le monde se fringuait, et ça draguait de partout. Les vacances, quoi.

Le site était grand. Environ neuf cents vacanciers occupaient les centaines de cabanes de gardian, dispersées sur un terrain de quatorze hectares. Avec le roulement, ce n'étaient jamais les mêmes. Les habitués entraînaient les petits nouveaux qui arrivaient tout pâlots. On était le rendez-vous que personne ne voulait rater.

Stanley nous a offert le gîte et le couvert, et il m'a beaucoup appris. Quand il nous a entendus la première fois, il a tout de suite compris qu'on était des diamants bruts. En tant que chef de village, il avait l'œil, il était en charge des divertissements. Grâce à son expérience dans les commandos parachutistes, il savait comment tout orchestrer avec une précision impeccable.

J'étais preneur de ses conseils, il l'a senti. Il s'adressait à moi comme si j'étais l'un des GO qu'il formait. « Le plus important, c'est de bien s'exprimer au micro, me disait-il. À partir de là, tu peux créer du lien avec le public, lui expliquer le contexte d'une chanson ou en dédier une à quelqu'un en particulier. » C'est lui qui m'a dit de ne jamais sortir de scène en tournant le dos aux spectateurs. En fait, il me montrait les ficelles du métier. Pas un jour ne passait sans qu'il ne répète sa règle d'or : « On a qu'une chance de faire une bonne première impression. »

Pour nos animations, il insistait sur l'importance de soigner le déroulé des chansons, avec un début, un milieu, une fin. Et de l'adapter selon que l'on jouait dans un resto ou pour un anniversaire. Au fond, il me disait de prendre le public par la main, d'être un conteur.

En tant que leader, je devais porter une tenue un peu différente de celles des autres membres du groupe. D'ailleurs, il ne traitait qu'avec moi, de chef de village à chef d'orchestre. Chaque jour, je m'entraînais avec les Reyes à l'heure de l'apéro.

On est revenu trois étés successifs aux Restanques. Stanley nous a fait passer de musiciens compétents à semi-professionnels. Et il nous a trouvé des engagements à Port-Grimaud, à Ramatuelle, à La Croix-Valmer. On s'est mis à rayonner autour de Saint-Tropez. J'ai cherché d'autres restaurants dans ces coins-là. Sans lui et sans Jacotte, on n'aurait jamais accédé au premier étage de la fusée. La lune n'était plus un rêve si lointain.

6

De L'Olympia à Philadelphie

Cet été de 1977, Toril est venue nous voir à Arles pour la première fois : un événement pour toute la famille. Malika, sur le point de souffler ses quatre bougies, ressemblait à son père comme deux gouttes d'eau. Elle avait ses yeux, sa petite fossette au menton, son teint mat, ses cheveux frisés. On avait l'impression qu'Ahmed était parmi nous.

À Griffeuille, dès que ma mère les a aperçues, elle les a prises dans ses bras et ne les a plus lâchées. Des larmes ont coulé, mais ce n'était pas triste.

Toril apprenait le français, un dictionnaire à la main. Entre nous, les mots étaient superflus. On se comprenait avec des gestes et quelques clins d'œil complices.

Ensuite, elle est partie en Algérie avec sa fille. Mes sœurs, Maria et Zoubida, les ont guidées à travers Tlemcen et Hennaya. Leur séjour a été couronné par un festin : un méchoui – notre cousin s'était démené pour trouver un mouton. Où qu'elles aillent, c'était une fête. Tout le monde était impatient de les rencontrer.

Une vraie amitié s'est développée entre Toril et mes sœurs. Maria me racontait en riant comment elle lui avait fait découvrir des petites choses simples comme les courgettes, introuvables en Norvège, et la moulinette pour la purée. À partir de là, Arles est devenue le rendez-vous estival pour Toril et Malika, une nouvelle tradition joyeuse.

Comme si les étoiles avaient décidé de s'aligner, une autre star brillait dans notre ciel : Enrico Macias. Je le voyais à La Voile rouge où il passait ses après-midi à jouer au backgammon. Lorsqu'on allait au Moorea pour déjeuner à la table que Robert Rameau nous avait réservée, sitôt qu'on posait nos guitares, il en prenait une et s'installait avec nous.

Dans ces moments-là, il nous racontait à quel point la musique gitane avait été décisive dans sa vie. À Constantine, des gitans d'origine espagnole lui ont appris à improviser. Jusque-là, il jouait du malouf, un style issu de la tradition musicale arabo-andalouse alors très en vogue.

Trop jeune pour fréquenter un bar, il se grimait pour entrer Chez Clairette, le repaire des gitans. Comme Bardot plus tard, qui s'affublait d'une perruque pour passer incognito lorsqu'elle sortait avec nous ou venait nous rendre visite sur notre campement.

Enrico parlait des gitans avec une telle émotion que je repensais à ma première fois chez les Reyes, rue des Douaniers. Ce n'est pas un hasard si Gaston Ghrenassia a choisi le prénom qu'on lui connaît : c'est en clin d'œil à la famille d'Enrico, qui l'avait pris sous son aile.

Un jour d'août, il nous aperçoit sur la plage : « Oh, les petits, ça vous dirait de venir à L'Olympia avec moi ? Et pas pour une soirée, mais pour trois semaines, de fin septembre à mi-octobre. » Il était très populaire. On connaissait tous par cœur « L'Oriental » et « Les filles de mon pays ». Le cachet ne rapportait rien. Qu'importe ! On se voyait déjà en haut de l'affiche.

L'affiche, Nicolas, Canut, Poulette et moi, on a failli ne jamais la voir. Le jour du départ, nous étions tous à bord de ma Renault 16, et j'ai filé sur l'autoroute. Quand on est arrivés en Isère, on a soudain entendu un fracas épouvantable. J'ai perdu le contrôle de la voiture qui a zigzagué, fait un tête-à-queue et percuté violemment la glissière de sécurité avant de s'arrêter net. Des automobilistes sont venus nous porter secours. On est sortis de là sans une égratignure, mais on a cru que c'était la fin. En plein milieu de l'autoroute, le moteur s'était détaché de la R16. On l'avait échappé belle.

Pas le temps d'attendre un dépanneur. On a récupéré nos valises fracassées par le choc. Un automobiliste nous a déposés à la gare de Vienne. Et hop, dans un train.

À Paris, on s'est posés à l'hôtel de l'Odéon, place de l'Odéon. La semaine de répétition n'était pas payée. En trois jours, je n'avais plus un sou. C'était moi la banque, comme toujours.

J'ai repensé à Michel Avelin, un gars sympa que j'avais rencontré, le seul que je connaissais à Paris. On a déboulé chez lui pour prendre un café, valises en main. « Vous changez d'hôtel ? » m'a-t-il demandé, surpris. Je lui ai tout raconté, L'Olympia, l'accident de voiture... Durant un mois, on a squatté chez lui, dormant dans le salon sur des matelas gonflables posés à même le sol.

Le jeu en valait la chandelle. Pendant la semaine de répétition, on sentait que le concert allait être grandiose. Nos costumes aussi. Enrico nous en avait fait faire sur mesure : des chemises blanches à grand col pointu et à manches longues bouffantes, des gilets noirs à bordures dorées et des pantalons noirs pattes d'eph. Ajoutez des bottines de cuir à talons hauts et nos cheveux longs, voilà les années 1970 dans toute leur splendeur !

Le premier soir a été le grand soir. J'ai ressenti le frisson de la scène. Et j'ai eu le déclic : notre place n'était pas sur une plage ni dans un restaurant, mais sous les projecteurs.

Devant moi se tenait un showman hors pair. Ses concerts n'étaient pas une simple succession de chansons, mais un vrai spectacle. Son fidèle arrangeur, Jean Claudric, menait l'orchestre. Il lançait la soirée avec une intro très disco, histoire de chauffer la salle. Puis, Enrico arrivait, vêtu de blanc, suivi par des danseuses de revue.

Plutôt que nous garder pour la fin, il nous appelait au milieu du spectacle. On jouait deux chansons d'affilée, « Lo lai » et « El Porompompero ». Le mélange de musiques arabo-andalouse et gitane fonctionnait à merveille. Dès qu'on touchait nos guitares, les spectateurs se levaient pour danser, et ce, tous les soirs pendant trois semaines. Jacotte était montée à Paris pour nous voir, fière de notre performance.

Chaque fois, j'observais Enrico. Il tenait le public dans sa main : il lui racontait des histoires, le faisait rire, jouait la comédie, esquissait quelques pas de danse avec les girls. Il faisait ce qu'il voulait. Quand on était sur scène, il lançait des « Olé ! » et les deux mille spectateurs répondaient en chœur un grand « Olé ! ». C'étaient les arènes d'Arles à L'Olympia.

Le concert a été enregistré et est sorti sous le nom *Le Violon de mon père*. Sylvain Ghrenassia était aussi sur scène. Il avait été violoniste dans l'orchestre renommé de Cheikh Raymond, en Algérie. Ça créait un autre lien entre Enrico et moi : lui avec le violon de son père, moi avec la guitare de mon frère. Derrière chaque instrument de musique, il y a une histoire de famille.

Pendant la journée, avec les Reyes, je flânais. Le week-end, on faisait un tour aux puces de Saint-Ouen et on s'arrêtait Chez Louisette, un resto resté dans son jus où passaient des chanteurs. Le soir, on buvait un verre avec Enrico dans sa loge.

À l'occasion de son neuvième Olympia, il a été invité à *Numéro un*, mon émission préférée des Carpentier. Elle lui avait été dédiée pour mettre en avant l'étendue de sa palette : il a chanté des chansons avec son orchestre, interprété des sketches avec son copain pied-noir, l'acteur et humoriste Robert Castel. Il a fait un duo avec Dalida puis Michel Sardou, pour finir en beauté avec Los Reyes, un retour aux sources gitanes.

Autant dire qu'à la fin des trois semaines, on était chauds, et on était sûrs de partir en tournée avec lui au Canada. Du moins, c'est ce que son homme de confiance nous répétait. En réalité, il disait ça pour qu'on se tienne à carreau. Puisque le producteur d'Enrico ne voulait pas s'occuper de nous, préférant de grandes pointures, j'ai décidé de prendre les choses en main. Mais que faire ? Notre premier disque n'avait pas marché. Le second, *L'Amour d'un jour*, sorti en 1978, non plus.

Je ne supportais plus de faire la manche. À Saint-Tropez, ça ne prenait pas. Ce que je récoltais, je le mettais de côté pour l'hiver, telle une fourmi au pays des cigales gitanes.

L'été 1978 a changé la donne. Les voitures y sont encore pour beaucoup. Sur la plage, un homme m'a abordé pour animer une fête privée. On était quatre musiciens, j'ai demandé 1 000 francs, une somme loin d'être négligeable. Il a fait un bond en arrière en s'exclamant : « Vous vous prenez pour Manitas ou quoi ? » Il a proposé le tiers, et l'affaire a été conclue.

Le lendemain, rendez-vous devant Sénéquier, sur le port. On a attendu longuement, je scrutais les voitures. Soudain, des coups de klaxon. Je cherchais du mauvais côté, il était sur le quai, en bateau Riva. Sur le chemin, il s'est arrêté devant le très chic hôtel de La Ponche, a klaxonné. Ses copines sont apparues sur la terrasse, et on a fait chanter nos guitares. Ensuite, pleins gaz pour arriver à une somptueuse villa. Il y avait du monde. On a joué, ça a chauffé, les femmes se sont improvisées danseuses de flamenco, la température est encore montée d'un cran, c'était la folie.

Après ça, curieux de connaître le maître des lieux, je me suis adressée à la cuisinière pendant qu'on grignotait dans la cuisine. Qui était le propriétaire ? « M. Opel, des voitures Opel », a-t-elle répondu. Il était où ? Elle m'a lancé : « Vous êtes venu avec lui. » Quoi, le type mal fagoté qui ne payait pas de mine ? « C'est lui. » Le magnat industriel est arrivé en souriant, nous a félicités et m'a gratifié de 300 francs en billets de 10, prenant le temps de les compter.

Je n'étais pas au bout de mes surprises. Il nous a raccompagnés par le garage où était garée sa Rolls Royce. Je me suis dit qu'au moins, le retour serait agréable. Sauf qu'il nous a fait signe de continuer, et nous voilà devant sa 4L. Décidément, j'étais abonné aux voitures pourries !

Ce jour-là, M. Opel m'a donné deux leçons : l'habit ne fait pas le moine et, si on n'en avait pas été réduits à faire la manche, peut-être aurait-il été plus respectueux envers nous. J'ai décidé que, dorénavant, on ne travaillerait que dans des soirées privées. Finie l'aumône.

Au début, on a souffert. J'envoyais promener les clients quand ils me disaient qu'on était trop chers. Je savais que ça marcherait tôt ou tard, il fallait être patient.

Les Reyes étaient furieux. Peu leur importait de jouer dans un resto ou sur une scène. Comme me le disait Nicolas, du moment qu'il avait 10 francs en poche et de quoi s'acheter un paquet de Marlboro et un pastis, il était content. Moi, ça ne me suffisait pas.

Les clients sont venus petit à petit. Personne ne pouvait résister à notre musique. Quand on lançait un *compás* à trois, cinq, six ou sept, une énergie folle se dégageait. Avec les *palmas*, les frappements sur la guitare, et surtout la superbe voix de Nicolas, c'était un cocktail festif à couper le souffle. Et les gitans faisaient fondre les femmes. Mais bon, on était encore un peu timides. On découvrait l'univers des luxueuses villas où les femmes étaient habillées comme des reines, et où leurs cheveux blonds défiaient les lois de la nature.

L'un de nos premiers contrats nous a conduits dans une propriété des Parcs de Saint-Tropez. La maîtresse de maison avait choisi un emplacement légèrement isolé, soi-disant pour mieux nous mettre en valeur. En fait, c'était pour nous garder à l'œil et s'assurer qu'on ne partirait pas avec les sacs ou un chandelier…

Jacotte m'a soutenu. Elle a compris que je voulais monter d'un cran. On n'a pas renoncé pour autant au Moorea, au Tahiti et à La Voile rouge, ni à notre circuit habituel en début de soirée, de Sénéquier à la place des Lices. On y allait. C'était ma façon de signaler notre présence. Les morceaux qu'on jouait étaient des cartes de visite que je distribuais.

L'une de ces chansons n'est pas tombée dans l'oreille d'un sourd. Le 28 septembre 1978, Nicolas et moi, on est allés acheter des cordes de guitare chez Music Shop, le magasin de musique de la rue Allard, la principale artère commerçante. « Vous êtes dispo ce soir ? » a demandé le patron, Paul Carbonel, avec son fort accent pied-noir. « Brigitte Bardot cherche un groupe pour fêter ses 44 ans. Ça se passera en petit comité, à la Cabane Bambou. » Un restaurant un brin sauvage, qui se voulait bohème, au bout de la baie de Pampelonne, du côté de Ramatuelle.

Dans les années 1970, BB avait arrêté le cinéma pour se consacrer à la cause animale, mais ça ne changeait rien à sa popularité. À Saint-Tropez, elle était adorée de tous, les commerçants la connaissaient. Son aura flottait partout.

Et on savait qu'elle aimait le flamenco. C'est elle qui avait rendu célèbre Manitas. En 1968, elle l'avait invité à participer au *Show Bardot*, une émission spéciale diffusée sur la deuxième chaîne de l'ORTF. La France entière l'avait alors découvert. Lors de son anniversaire cette année-là, il avait assuré la musique.

C'était notre tour. Avec Nicolas, on a emmené Bardot et sa vingtaine d'amis au pays fabuleux de la rumba flamenca. Au moment de passer à table, Brigitte m'a installé à ses côtés. On a mangé, on a trinqué, et c'est reparti de plus belle. Elle a chanté, joué des maracas, dansé toute la nuit comme une vraie gitane. « C'est le plus bel anniversaire de ma vie, m'a-t-elle confié au petit matin. Combien je vous dois ? » Je lui ai répondu : « Rien, c'est moi qui vous dois beaucoup. » Elle a insisté, j'ai refusé. À cet instant précis, une amitié est née. Depuis, je n'ai pas manqué de lui souhaiter un seul de ses anniversaires, et elle n'a jamais raté un des miens.

Le lendemain, elle nous a invités à déjeuner chez elle à La Madrague. J'y suis allé avec Canut. Comme la veille, elle a été chaleureuse. Un journaliste et un photographe étaient là pour préparer un reportage pour le magazine *Jour de France*. Elle nous a présentés, a saisi une guitare et s'est placée entre Canut et moi, sur un banc dans le jardin. Clic-clac. Nous voilà en pleine page de l'hebdomadaire.

Avec Bardot, j'ai tout de suite été en confiance. Elle me parlait comme si j'étais son petit frère, au point qu'une fois, elle m'a appelé, catastrophée. Le gardien de sa maison avait fait ses valises après une dispute. Ce n'était pas le genre à passer une annonce. Pour la dépanner, je lui ai envoyé mon beau-frère Aze, le mari de Rachida, pendant une saison.

Garder sa maison, ce n'était pas de tout repos. Aze me racontait qu'à l'époque, la propriété était une cible de choix pour les fans, qui s'y risquaient pour attendre leur idole dès l'aube ou pour dérober quelques souvenirs dans le jardin. Certains restaient des journées entières devant le portail dans l'espoir de l'apercevoir. Mon beau-frère était même devenu son garde du corps improvisé lors des courses, pour protéger Bardot des assauts de ses admirateurs. Pas facile, la vie de star. Et puis, il y avait la ménagerie à gérer, avec neuf chiens et soixante chats qui se baladaient librement dans la propriété. Les nourrir, c'était une aventure. Tout, avec Brigitte, était une aventure à part entière.

Parfois, elle l'invitait à prendre l'apéro. Ses blagues grivoises la faisaient hurler de rire. Elle insistait pour qu'il les raconte encore et encore jusqu'à ce qu'elle les connaisse par cœur. Une fois, Rachida est venue et lui a préparé un couscous comme à la maison. Bobby aussi y a déjà fait un saut. J'ai même pris une belle photo où on les voit danser ensemble.

Tout à coup, notre statut a changé à Saint-Tropez. Los Reyes n'étaient plus les petits jeunes qui enflammaient les plages, mais le groupe adoubé par Bardot. Cela m'a aidé à décrocher des contrats. Pour me rendre dans les villas, je conduisais une épave ; une fois sur place, on entrait dans l'univers des *Mille et Une Nuits*. Le contraste était saisissant.

Au fil du temps, certains clients sont devenus des amis, d'autres sont restés fidèles. Jacotte nous engageait, évidemment. Le styliste allemand Otto Kern nous invitait sur son bateau avec la *jet-set*. Les Libanais raffolaient de nous. On jouait si souvent chez l'homme d'affaires Maurice Karaoglan que Canut et moi, on a écrit une rumba pour sa belle-mère. On la chantait tous ensemble au cours des dîners en famille.

Rien à voir avec Nabil Traboulsi, qui a révolutionné la fête à Saint-Tropez. C'était midi et soir ! Après, la fiesta se poursuivait au Byblos. À la fin de la semaine, il demandait combien il me devait et payait rubis sur l'ongle. Parfois, il nous emmenait voir son frère Samir à l'hôtel de Paris à Monaco, et on jouait pour son associé au train de vie encore plus flamboyant, Adnan Khashoggi, le frère du journaliste Jamal Khashoggi.

Le secrétaire du milliardaire saoudien nous a embauchés pour son anniversaire. Quand on est entrés dans la salle à manger, il n'y avait que Khashoggi et son épouse. On a joué pour eux jusque tard dans la nuit.

Un autre bon vivant a eu un coup de foudre pour nous : l'Égyptien Alex Ebeid. Il possédait une équipe de polo, The Falcons, détenant le record de la Coupe d'or de polo de Deauville. Qu'il gagne ou qu'il perde, il nous engageait. Il adorait la musique gitane et venait au pèlerinage des Saintes-Maries-de-la-Mer où il me demandait d'organiser des fêtes tous les soirs. J'invitais la communauté gitane. Puisque seuls les hommes y participaient, lors de la dernière soirée, il n'a invité que les épouses. Aucune n'a osé venir. Il nous a emmenés aux Émirats arabes unis pendant une semaine pour que nous nous produisions devant les princes. Ç'a été quelque chose.

Parmi les fidèles, il y avait aussi la princesse Orloff, qui avait le béguin pour Canut. Chez elle, on trouvait tout le showbiz. Elton John était son grand ami. Un soir, elle nous a embauchés, mais je n'ai pas pu aller chez elle, c'est l'une des rares fois où j'ai été malade. Un neveu m'a remplacé. Quand elle a vu que je n'étais pas là, elle leur a dit de revenir avec Chico.

Même en boîte de nuit, si je n'étais pas présent, les gitans n'entraient pas. Ils me demandaient de les y accompagner. J'étais leur passe-partout.

Mais tout ça, c'était à Saint-Tropez. Au-delà, on était de parfaits inconnus. Pendant l'hiver, mon copain Mustapha, fraîchement sorti de l'usine métallurgique avec ses indemnités de licenciement, s'était mis en tête de devenir notre manager. Il racontait avoir des plans à Val-d'Isère, la station de ski à côté de Tignes où, selon ses dires, il ne se passait rien. Tous en voiture ! Nous, dans ma Renault 16, mes copains techniciens son et lumière, à bord d'une 4L.

C'était une scène des *Bronzés font du ski*, nous étions tous serrés dans ma petite voiture, habillés comme à Arles, et Nicolas, contraint de rester assis de côté, à cause d'un gros furoncle au derrière. À Val-d'Isère, tempête de neige. On ne voyait pas à trois mètres. On est arrivés très en retard. « Pas de panique, a assuré Mustapha. Il y aura du monde, j'vous le dis ! »

On devait jouer dans un cinéma. Après une balance rapide, on a tenté de coller des affiches, qui ne tenaient pas sous la neige. Dans la rue, j'ai croisé un copain arlésien, facteur de montagne pour la saison. Il m'a promis de venir. Heureusement, il a tenu parole. Il était le seul spectateur. Et Mustapha de se lamenter : « Sainte Sara n'est pas avec nous ! »

La saga s'est poursuivie. Avec notre arrivée tardive, l'hôtel avait libéré nos chambres. Notre manager en herbe a de nouveau mis ça sur le dos de sainte Sara et s'est lancé dans une nouvelle série de prières.

Je me suis alors souvenu du Club Med. Il y en avait sûrement un à Val-d'Isère. Je me suis renseigné, ai téléphoné au chef de village et mentionné Stanley. « Complet, m'a-t-il dit. Mais je peux vous installer dans la salle à manger. Ce n'est pas idéal, mais vous aurez un endroit où dormir. » Des couvertures nous ont été fournies, et on a passé la nuit par terre.

Le lendemain, on a exploré les environs. Monter des chaînes sur la voiture était un calvaire, et on a mis quatre heures pour parcourir dix kilomètres. À un moment, les techniciens de la 4L ont fait une pause. L'un d'eux, dans un éclair de génie, a décidé de s'approcher d'un fossé et a disparu sous la neige. On l'a sorti de là dans un éclat de rire collectif.

Entre-temps, Mustapha avait déniché un bel hôtel pour un petit concert. Selon son arrangement avec le patron, l'entrée était gratuite pour les clients et payante pour les autres. Le soir venu, la salle était pleine, mais uniquement de clients de l'hôtel. Sainte Sara n'était peut-être pas avec nous, mais on a ri comme jamais.

Puis un froid glacial s'est abattu sur nous. J'ai remarqué que José montrait des signes de fatigue. En Suisse, pendant une émission de télé, il avait dû s'étendre par terre en coulisses, ce qui était inhabituel pour lui. Il semblait amaigri, son visage paraissait plus creusé.

De retour à Arles, je lui ai fait passer des radios. Dans la voiture, il me les a tendues pour savoir ce que j'en pensais, mais j'étais incapable de les lire. La sentence est tombée chez son médecin : cancer des poumons. Il a été hospitalisé à Montpellier. Puis, il est rentré au

Trebon, où il vivait depuis que les Reyes avaient quitté la rue des Douaniers.

Sa famille était à son chevet. Marthe, sa préférée, aux petits soins. Puis il est retourné à l'hôpital. Les Reyes de tous les coins de France sont venus faire le siège de sa chambre. L'intubation prolongée a affecté ses cordes vocales, ça l'a brisé. Il est mort un mois plus tard, le 6 juin 1979, à l'âge de 50 ans. Je ne le pensais pas si jeune.

Son enterrement au cimetière des 9-Collines, à Arles, a été une tragédie. Toute la gitanie était présente, mais aussi des proches et des amis. Ce jour-là, la famille a perdu un père et ses repères. Heureusement, Clémentine était là. Elle avait ce côté fédérateur, et elle était la mère.

Les enfants n'ont pas montré leur chagrin, mais je savais ce que c'était que de perdre un être cher et de cacher cette douleur au fond de son cœur.

Canut a essayé de ressembler au patriarche. Il a bouclé ses cheveux lisses et s'est laissé pousser la moustache. Mais aucun de ses fils n'était comme lui. Ils avaient le talent musical, pas le caractère, ni la présence.

Abbas, le meilleur ami des Reyes, un instituteur de Robion, dans le Vaucluse, qui n'était pas gitan, a été l'un des derniers à voir José. Sur son lit de mort, il a eu une prémonition : « Ne vous séparez pas de Chico. » Je n'étais pas présent lorsqu'il a prononcé ces mots. Tout allait bien entre nous à ce moment-là. J'ai compris bien plus tard l'importance de ses paroles.

Dans ces circonstances, impossible pour Marthe et moi de nous marier à la gitane. On se voyait en secret depuis deux ans. Elle avait 18 ans, moi, 24. Si je faisais partie du décor, je n'étais pas perçu comme un membre de la famille pour autant. Quant à mes parents, ils voulaient que j'épouse une fille de chez eux.

Moi, j'aimais Marthe. Elle avait la gentillesse de sa mère, sa force de caractère, et elle était belle, sensuelle. La première fois qu'elle a dansé à Saint-Tropez, c'était à La Voile rouge. Elle est montée sur une table pendant qu'on jouait. Elle a attiré tous les regards.

Avant de lui demander sa main, j'en ai touché un mot à ses frères, qui en ont parlé à José. Ça lui posait un problème. Une légende noire circulait, selon laquelle une gitane avait épousé un Algérien et l'avait suivi au pays. Plus personne ne l'avait revue.

José a demandé conseil à l'un de ses oncles. « Normalement, c'est interdit qu'un étranger entre dans la famille, mais Chico en fait déjà partie », lui a-t-il dit. Le patriarche a donné son accord. Il voulait nous marier au début de l'hiver, cependant il est mort en juin.

Alors par respect pour mes parents, j'ai demandé à Marthe si elle voudrait m'épouser selon la tradition musulmane. Elle a accepté. L'instant d'après, j'ai annoncé à Clémentine que j'emmenais sa fille au cinéma.

À Griffeuille, mes parents avaient tout préparé. Comme le veut la coutume, Marthe a pris un bain rituel, symbole de pureté, avant de mettre sa robe. Puis, elle a prononcé les paroles qu'il fallait devant l'imam. Après la cérémonie, on a passé un mois ensemble, enfermés dans un studio à Arles. Quand Clémentine nous a revus, elle a plaisanté : « Eh ben, il était long, le film ! »

Mon mariage a été un choc pour mes parents. Non seulement leur fils passait la plupart de son temps chez les gitans, mais il venait d'épouser Shéhérazade. Devant ses amies, ma mère l'appelait « la gitane ». Mais, la gitane a conquis mon père, et ma mère l'a vite acceptée. Elle a ensuite raconté à ses copines qu'elle n'échangerait pas sa belle-fille contre mille Arabes. En plus de sa gentillesse, qu'elle appréciait, elle pouvait lui cuisiner tout ce qu'on n'aimait pas. Des têtes d'agneau, de l'andouillette, des tagines aux pruneaux…

De temps en temps, je m'évadais en Camargue. Avec Patchai, je me rendais au mas de Cacharel, où avait été tourné le film *Crin-Blanc*. On arrivait vers midi, pendant la pause déjeuner des éleveurs de taureaux, et on empruntait deux chevaux. Les autres Reyes étaient un peu craintifs vis-à-vis de ces animaux. José, le fils de maquignon, je ne l'avais jamais vu monter, mais il était doué pour évaluer l'âge d'un cheval en lui inspectant les dents. Ce monde-là m'a toujours fasciné, et j'ai partagé cette passion avec mes enfants.

J'ai aussi noué des liens avec Philippe Cuillé, un éleveur de taureaux des Saintes-Maries. De temps en temps, je passais chez lui pour une virée à cheval ou pour jouer de la musique avec mes beaux-frères. C'est d'ailleurs grâce à Philippe que j'ai sympathisé avec le raseteur Christian Chomel. Il remplissait les arènes d'Arles à chaque course camarguaise. Tout le monde venait le voir affronter les taureaux et tenter d'attraper la cocarde entre leurs cornes. Il faisait ça comme personne.

Un jour, Régine nous a engagés pour célébrer son anniversaire au restaurant L'Auberge des vieux moulins, à Ramatuelle. On a joué des rumbas qui ont mis le feu. À la pause, j'ai bu un verre au bar avec Nicolas, Canut et Patchai. Régine faisait des allers-retours incessants pour téléphoner et a raccroché, très agacée : « Elle ne veut pas venir ! » Au bout de trois appels, j'ai compris qu'il s'agit de Bardot.

Au coup de fil suivant, je me suis approché de Régine et lui ai glissé : « Dites-lui qu'il y a Chico. » Elle m'a regardé de haut en bas, je me suis senti minuscule. Mais, elle n'avait plus rien à perdre. Régine a repris le téléphone et annoncé la présence de musiciens, dont un certain Chico. Elle m'a tendu le combiné : « Elle veut vous parler, vous la connaissez alors ? » J'ai répondu : « Un peu. » Brigitte m'a demandé si la soirée était sympa, car Régine la harcelait pour qu'elle vienne. J'ai dit oui, et raccroché. Le spectacle a repris.

Soudain, Bardot est arrivée. Elle a traversé la foule, s'est dirigée droit vers moi, m'a pris par surprise en me couvrant les yeux de ses mains et murmuré à l'oreille : « Si j'apprends encore que tu es à Saint-Tropez et que tu ne m'appelles pas, ça va mal se passer entre nous ! » Puis, elle nous a fait signe de l'accompagner dans un coin du resto, et tout le monde nous a suivis. Régine en est restée médusée.

À la fin de la soirée, Roger Choukroun, son mari et homme d'affaires, s'est présenté et m'a fait une proposition des plus inattendue : « Je veux vous enregistrer. Vous pouvez venir à Philadelphie ? J'ai là-bas des arrangeurs exceptionnels. »

Il nous a envoyé des billets d'avion. Pendant le vol, nos guitares ont imbibé l'atmosphère. L'euphorie ! Traverser la douane avec des gitans, sans visa de travail, s'est avéré moins réjouissant… même si je voyageais désormais avec un passeport français, étant devenu citoyen tricolore.

On s'est retrouvés deux semaines dans un studio d'enregistrement. Les arrangeurs arrangeaient. Cela donnerait un album de Los Reyes avec des violons et des instruments à vent. À la fin du séjour, tout était prêt, l'album, la pochette et les photos intérieures.

De retour en France, silence radio. À force de relances, Choukroun m'a annoncé que l'album ne suscitait aucun intérêt dans les maisons de disques. C'était une déconvenue de plus, après nos deux échecs avec le label Tudor et la tournée avec Enrico. Mais je gardais espoir. Moi surtout, car les Reyes n'y ont jamais cru autant que moi. J'avais foi en ce groupe.

7

Entre *compás* et complications

Comme les hirondelles reviennent au printemps, nous sommes réapparus à Saint-Tropez. L'été 1980, Robert Rameau nous a fait une belle surprise. Sur les conseils du notaire suisse Didier Tornare, futur producteur des Gipsy Kings, il avait acquis un terrain au Moorea dans l'intention d'y construire un hôtel, mais son projet n'avait jamais vu le jour et il mettait le terrain à notre disposition.

Nous voilà à cinquante mètres de la mer avec nos caravanes. À partir de cet été-là et durant dix ans, toute la famille a pu en profiter lors des grandes vacances, les épouses comme les enfants. Je n'ai jamais vu Clémentine aussi heureuse.

Pendant la journée, Robert nous apportait des tartes tropéziennes. Chez Paul, à La Voile rouge, on dégustait des fondants au chocolat. Tous étaient bienveillants.

À la plage, les gitanes se montraient pudiques, à la différence des vacanciers à moitié ou complètement nus. Elles se baignaient tout habillées. Les gens devaient vraiment penser qu'on venait d'une autre planète.

Il se passait toujours quelque chose au campement. La vie était festive, rythmée par la musique et les repas. Et on ne manquait jamais une occasion de rendre visite à nos amies Nicole Laudon et Jacotte. Ces années ont été les plus belles de nos vies.

Imprégnés jusqu'au bout des ongles de cette ambiance, Marthe et moi avons décidé de nous installer en caravane à Arles avec notre premier-né, Redda. C'était aussi une manière de nous rapprocher de ma belle-mère. Elle a eu un coup de foudre pour mon fils aîné, c'était son petit-fils préféré. Elle m'appelait tard pour s'assurer qu'il passait de douces nuits. Depuis son départ de la rue des Douaniers, elle avait vécu en appartement à Tarascon et au Trebon, mais elle n'était jamais aussi bien qu'en caravane, et dans le quartier de La Roquette.

Pour ma part, cette expérience a marqué les débuts de ma vie nomade. Je dormais déjà dans une roulotte lors du pèlerinage aux Saintes-Maries en mai, mais jamais plus de dix jours. Du coup, j'ai converti le deux-pièces de la rue de la Liberté, où je vivais avec ma belle gitane, à deux pas de la place du Forum, en bureau. J'ai toujours trouvé magnifique d'avoir une adresse dans une rue portant ce nom, surtout pour un groupe de musique comme le nôtre.

Le campement, qu'on avait baptisé le « camping », rassemblait une vingtaine de caravanes, blotties sous le pont de la voie rapide à La Roquette. D'un côté, la route, de l'autre, le Rhône, et au-dessus, l'autoroute où les camions faisaient vibrer l'ensemble de la structure. À la nuit tombée, les lumières de la ville éclairaient notre petit village.

Dans la journée, les gitans se dispersaient entre les marchés et diverses occupations. Les fils Reyes, de temps à autre, se joignaient à nous pour le déjeuner. Notre quotidien se déroulait en plein air, avec les enfants qui jouaient au milieu des poules. Malgré ces conditions rudimentaires, sans eau courante et avec une installation électrique à la limite du sauvage, les avantages de cette vie l'emportaient sur les inconvénients. J'ai vécu ainsi près d'une décennie.

La pérennité du groupe me trottait dans la tête. Trouver des astuces pour le maintenir actif en hiver devenait vital. En 1980, un promoteur allemand nous a offert dix dates en Allemagne. Une opportunité bienvenue.

On a pris la route à six, flanqués de deux techniciens. Parmi les membres du groupe, il y avait de beaux spécimens. Nino De Suerte se prenait pour la huitième merveille du monde et passait ses journées à pleurer sa femme qui lui manquait. Quant à Canut, il trouvait amusant de lancer des boules puantes dans le public chaque soir… On nous avait promis 2 000 francs chacun, mais les frais d'hôtel étaient à notre charge, ce qui a fini par vider nos poches.

La tournée a pris fin au parc Grün 80, à Bâle, en Suisse. Le promoteur m'a demandé d'inviter une danseuse sur scène. Connaissant le public, j'avais des doutes. Lorsqu'il y a une danseuse, la foule la regarde et ne danse pas. Malgré mes réticences, j'ai cédé, et je ne le regrette pas : la danseuse de flamenco, Nina Corti, a illuminé la scène.

Cette soirée m'a permis de faire la connaissance de son époux, Ruedi Ledermann. Depuis ce moment, on est devenu inséparables. Peu importe où nous allions, à Saint-Tropez ou aux Saintes-Maries, ils se joignaient à nous.

Nina était une force de la nature ! Elle n'était pas une danseuse ordinaire, loin de là. Le folklore ne l'intéressait pas. Son côté sauvage la poussait à briser les règles, à danser avec une liberté totale, vêtue d'un jean ou d'une robe de gitane.

On l'invitait à se produire avec nous à nos soirées, et elle nous conviait à l'accompagner durant ses propres performances. À chaque fois qu'elle dansait, la magie s'emparait de la scène.

Notre amitié n'a cessé de se renforcer. Et depuis 1991, Ruedi m'accompagne en tant que manager de mon groupe, Chico & the Gypsies. Entre les tournées et les soirées de galas, j'ai dû passer plus de temps avec lui qu'avec ma propre famille. C'est un ami pour la vie, une présence constante, que ce soit dans les bons moments ou dans les coups durs.

En 1980, se faire connaître était mission impossible. J'avais une copine secrétaire à L'Olympia. Un jour, elle a passé un disque de Manolo Bissière, *Guitara de oro*. Je connaissais Manolo depuis mes jours de commis de salle à l'Auberge cavalière pendant mon adolescence. Cet album était une merveille, avec ses guitares brillantes et la voix unique et rocailleuse de Manolo.

Mon amie a retourné le vinyle pour trouver le nom du label : Sara Music. Elle a passé un coup de fil à Jacqueline Tarta, la productrice, qui m'a fixé un rendez-vous aux Saintes-Maries. « Sur la petite place derrière l'église », a-t-elle précisé.

Lorsque j'arrive, le lieu est bondé. Le patron du bar-tabac de la place m'indique qu'elle est en face, au stand qui vend les disques de Manolo et de Boï & Negrita. Je m'adresse aux deux vendeuses. L'une d'elles, une dame d'une cinquantaine d'années, me répond : « C'est moi. » Je suis surpris ; elle rit et me demande pourquoi. Je n'ai pas osé lui dire que je m'attendais à quelqu'un de costaud. Pour produire des gitans, il faut être manadier.

Jacqueline était une ancienne journaliste de l'ORTF, où son mari, Alain, était un réalisateur connu. Elle avait décidé de quitter l'Office en 1974 lors de son démantèlement, qui avait donné naissance à Radio France, TF1, Antenne 2 et France Régions 3. Avec ses indemnités de départ, elle avait lancé Sara Music. Jacqueline était fascinée par les gitans, leur musique et leur liberté, et passait du temps chez eux dans le sud de la France. Son label était devenu la référence dans le domaine. À cette époque, ce genre de musique rapportait des gains très modestes, car les gitans étaient mal vus.

Au café, je l'ai félicitée pour le disque de Manolo et lui ai présenté Los Reyes. Au moment où j'ai abordé le sujet d'un producteur, elle a coupé court : « Les gitans, c'est terminé. Ils m'ont usée », m'a-t-elle dit, dépitée. Pourtant, l'album de Manolo connaissait le succès. « Il est impossible, il refuse des engagements. Une fois, il est venu jouer aux arènes de Salin-de-Giraud. Son étui de guitare était vide. Une catastrophe. »

Son expérience avec Boï & Negrita n'était pas plus brillante : « Je leur ai décroché une télé, à Paris. Negrita est venue seule, car Boï avait été arrêté et jeté en prison. »

J'ai tenté de la convaincre qu'on n'était pas comme ça. Rien n'y a fait. En partant, je lui ai proposé d'écouter une chanson dans ma voiture. On s'est installés dans ma Renault 16, j'ai sorti une cassette et lancé « Pharaon ». Réaction immédiate : « C'est bon, ça ! Mais vous arrivez trop tard. » Cependant, elle a promis de réfléchir. Elle allait partir en Corse et passerait peut-être à Saint-Tropez sur le chemin du retour. J'y croyais à moitié.

Mais elle est venue, et s'est retrouvée au milieu de nos soirées privées : elle a vu les femmes se déchaîner, et tous les membres de la *jet-set* se prendre pour des danseurs de flamenco et refuser de nous laisser filer. « Je rentre à Paris et je réfléchis », m'a-t-elle dit.

Je n'ai jamais autant croisé les doigts. Son label Sara Music, distribué par Phonogram, offrait une opportunité que nous n'avions pas eue avec nos deux disques précédents chez Tudor, qui n'étaient pas distribués en

France. Quelques semaines plus tard, Jacqueline m'a appelé : « Je vous prends, mais je ne vous garantis rien. Venez à Paris, on enregistre un disque. » Et elle a ajouté : « L'ingénieur du son Pierre Braner sera là. Il s'est occupé du disque de Manolo. »

Le moment était propice pour apporter des changements au sein du groupe. Contrairement aux gitans qui préféraient jouer en famille, mon but était de former le meilleur groupe possible. Le point fort des Reyes, c'étaient les voix. Nicolas chantait divinement. Canut, aussi, mais il fumait trop et tenait moins longtemps. Leur point faible résidait dans la guitare. On avait besoin d'un grand soliste. J'avais quelqu'un en tête.

Quelques années auparavant, Tonino Baliardo jouait avec son frère Paco dans un restaurant aux Saintes-Maries. José, Nicolas, Patchai et moi, on était allés les écouter. J'entends encore le patriarche : « Ce petit ira loin. » Tonino avait 15 ou 16 ans, il était un peu plus jeune que Nicolas.

C'est lui qu'il me fallait. Les Baliardo étaient les frères ennemis des Reyes, qui avaient mal vécu que José soit resté dans l'ombre de Manitas. Il fallait instaurer une trêve entre les Capulet et les Montaigu de la gitanie, et qu'ils travaillent main dans la main.

Ma copine de L'Olympia m'avait conseillé de faire un clip vidéo, ce qui commençait à être à la mode. Elle m'avait mis en contact avec un réalisateur qui demandait

10 000 francs, une somme énorme que j'avais payée avec mes économies de Saint-Tropez. Les gitans n'avaient jamais un sou. Ils flambaient tout.

L'hôtel Le Méridien, à Paris, nous a sponsorisés. En échange de chambres, on devait tourner le clip dans le hall. C'était l'occasion de faire entrer Tonino dans le groupe. Pour m'assurer de sa venue, je lui ai versé un cachet. Et on est tous partis à bord de mon minibus Peugeot J5, que j'avais pu acheter grâce à un ami qui s'était porté garant. Tout au long du trajet, les Reyes se sont déchaînés contre Tonino. Ils lui disaient des gentillesses du style : « On ne veut pas de toi ! » ou « Tu vas nous faire ce que Manitas a fait à notre père ! » Mais je l'ai imposé.

Tous ont compris sa valeur ajoutée dès qu'il s'est mis à jouer pendant le tournage au Méridien. Le clip n'est jamais sorti, qu'importe ! Avec Tonino, je tenais le Mozart de la guitare. Grâce à lui, notre musique franchissait un palier. Cela s'est confirmé lors de la session d'enregistrement au studio Harry Son, à Pantin. On a bouclé en deux jours l'album *Allegria*, qui incluait l'un des titres allant nous rendre célèbres, « Djobi, Djoba ».

Pendant notre séjour parisien, on était hébergés chez Jacqueline Tarta, rue Spontini, dans le chic XVIe arrondissement. Francis Lalanne était en couple avec l'une de ses filles. Il était déjà la vedette reconnaissable à ses cheveux longs et à ses fameuses cuissardes, il avait fait un tabac avec son premier album, *Rentre chez toi*, qui avait remporté le Grand Prix des disquaires avant de devenir disque d'or puis de diamant. Il s'est pris d'amitié pour nous.

Un changement majeur s'imposait maintenant : il nous fallait un nouveau nom. Lors de notre voyage aux États-Unis, Roger Choukroun m'avait conseillé d'en trouver un plus accrocheur. Sa remarque m'avait fait réfléchir, d'autant plus que lors de nos quelques performances à l'étranger, on nous confondait parfois avec Los Reyes Paraguayos, d'Amérique du Sud. Et, une fois, aux Saintes-Maries, j'avais vu une affiche dans un restaurant pour une soirée gitane avec Les Reyes, des cousins. Il était temps pour nous de nous démarquer.

Je cherchais un mot magique, une expression en anglais qui nous ouvrirait toutes les portes. J'ai repensé à nos balades dans les rues de Philadelphie. Quand on passait devant un Burger King, je taquinais les Reyes en disant : « C'est vous, ça ! » Et quand on parlait d'Elvis, c'était toujours « le King ». L'idée m'a frappé : et si on traduisait *Reyes* (« rois » en espagnol) en anglais et qu'on lui ajoutait le mot « gitan » ? Ainsi sont nés les Gipsy Kings.

Tarta a insisté pour conserver Los Reyes sur la pochette, car on était connus à Saint-Tropez sous ce nom. Lors de sa conception, j'ai demandé au graphiste de changer « Gypsy » en « Gipsy ». À mes yeux, cette orthographe avait plus de charme.

Les réactions ont fusé ! On aurait dit que j'avais commis le crime du siècle. Clémentine était chagrinée de voir que je mettais fin à l'héritage de José. Ses fils prononçaient « Jipikines » en trébuchant sur chaque syllabe. Jacqueline, de son côté, ne semblait pas emballée. Et mes copains trouvaient le nom trop long. La palme est revenue à Jacques Caillart, le patron de Phonogram : « L'album est bien, m'a-t-il dit, mais on a deux soucis. Le petit, c'est la pochette avec une couronne de roi en puzzle. On aurait préféré une photo du groupe devant un feu aux Saintes-Maries. Et puis, le gros, c'est le nom anglais. Votre musique n'est pas du rock ! »

Changer la pochette, pourquoi pas ? Mais changer de nom, hors de question. Si c'était pour continuer avec Los Reyes en posant devant une roulotte, autant rester en Camargue. En fin de compte, Phonogram a sorti l'album tel que je le voulais, mais n'a rien fait pour le promouvoir.

Jacqueline, loin de se démonter, a pris le taureau par les cornes. À la parution du disque, à l'été 1982, elle a chargé sa voiture de cassettes et s'est lancée dans un tour de France. À l'époque, les radios libres bourgeonnaient grâce à la fin du monopole de l'État mise en place par le nouveau gouvernement de François Mitterrand, laissant éclore des milliers de stations de radio locales.

Ah, mai 1981 ! Je revois la *jet-set* et les milliardaires pris de panique à Saint-Tropez. Ils imaginaient déjà les chars russes sur les plages de Pampelonne ! Mais ça n'a pas duré bien longtemps.

Malgré les pérégrinations de Tarta, aucune radio ne nous a soutenus. Puis, elle a réussi à nous décrocher une apparition dans *La Bouteille à la mer*, une émission de jeux diffusée l'après-midi sur TF1. Nous avons vécu une noyade.

On a pris un train de nuit. Dans les studios de la rue Cognacq-Jay, alors qu'on nous maquillait, Jacqueline est arrivée en catastrophe : « Il y a un problème. On n'est pas programmés. »

Notre bouteille à la mer était perdue au large. Elle nous avait décroché une apparition dans le film *J'ai épousé une ombre* de Robin Davis, avec Nathalie Baye et Francis Huster. Aucun retour. L'année suivante, à la sortie de notre deuxième disque chez Sara Music, *Luna de fuego*, flanqué d'une belle pochette surréaliste du peintre Jean-Paul Cleren, l'ami de Jacotte, la poisse nous collait toujours aux basques.

Jacqueline, persévérante, avait loué le Déjazet, annulé au dernier moment, puis le Café de la Gare, lieu mythique des premiers pas de Coluche, Patrick Dewaere et Miou-Miou.

Dix dates au programme. Les premiers jours, désert. Le dernier soir, même avec un peu de monde, la fête nous a laissé un goût amer. Plus encore lors d'un concert en plein air aux Saintes-Maries. On a tout eu : le froid, les spectateurs loin de la scène, Canut qui se fend un ongle en jouant de la guitare, ce qui le faisait grimacer de douleur. Même une soirée survoltée à l'Auberge cavalière dans la foulée n'a pas réussi à redonner le sourire à Jacqueline, qui avait perdu tout espoir.

Les gitans aussi ont fini par craquer. Patchai a quitté le groupe, préférant partir avec ses cousins en caravane pour faire les marchés. Vendre des chaussettes lui rapportait plus que jouer avec nous. Quant à Canut, il était ingérable. Dès qu'il se mettait en couple, il se volatilisait avec l'heureuse élue pendant des mois. Aucun des Reyes n'avait le sens des responsabilités. Poulette s'était caché pour échapper au tournage au Méridien. Et Nicolas ? Combien de fois a-t-il été introuvable lorsqu'on devait partir à Saint-Tropez pour animer des soirées privées ? À chaque dispute, les gitans me rappelaient avec une élégance toute particulière mes origines maghrébines. On était jeunes, on partageait de bons moments ensemble, on riait beaucoup, mais maintenir le groupe relevait souvent du casse-tête.

Les Gipsy Kings ont commencé à se forger la réputation du groupe qui n'arrivait pas à percer, malgré son talent évident. Heureusement, à Saint-Tropez, j'avais un soutien précieux : Bardot.

En 1982, elle nous a invités à prendre part au documentaire *Telle quelle*, réalisé par Antenne 2 et diffusé à Noël. Sur la plage, elle s'est laissé emporter par la danse, entraînée par nos mélodies. Elle disait toujours qu'on jouait de la guitare à damner un saint. Elle avait de ces expressions. Parce qu'elle était notre muse, on lui a dédié « La Dona », qui est devenue l'une des chansons les plus demandées dans les soirées privées.

Je l'avais régulièrement au téléphone. « S'il y a une soirée sympa, fais-moi signe », me glissait-elle. Un soir, je l'ai invitée à un mariage. Je suis venu la chercher au volant de ma Citroën GS, une épave dont la porte passager ne s'ouvrait plus. Brigitte a dû monter du côté conducteur. « Vous êtes bien des gitans ! » a-t-elle plaisanté. J'ai eu honte.

Pour passer un peu inaperçue, elle avait mis une perruque noire et une tenue gitane, avec des anneaux aux oreilles, et gardé les pieds nus. Dès qu'on a commencé à jouer pendant le mariage, elle a bondi sur une table et s'est mise à danser. Un invité à côté de moi l'a pointée du doigt et s'est exclamé : « C'est fou comme elle ressemble à Bardot ! » Soudain, tout le monde a dansé.

Une autre fois, elle est venue nous rendre visite au campement du Moorea. Elle a demandé à ma belle-mère ce qu'elle préparait pour le dîner : « Du lapin », a répondu Clémentine. « Du lapin ? » s'est-elle écriée, horrifiée. Elle était végétarienne… Quand on a sorti les guitares, elle s'est mise à danser avec les femmes et les enfants.

Brigitte a toujours été là pour moi. Elle a participé à la fête de mes 29 ans au Miramar, un restaurant des Saintes-Maries. C'était le 13 octobre 1983, et la communauté gitane était réunie, ainsi que le manadier Philippe Cuillé, le raseteur Christian Chomel, et Jacotte, bien sûr. Brigitte m'a offert un tableau de Jean-Paul Cleren, avec un mot au dos : « Merci d'être né. »

Le lendemain, elle est venue au campement où l'anniversaire se prolongeait en famille. Le petit village s'était alors déplacé sur le terrain actuel du musée départemental Arles antique, surnommé le « Musée bleu ». Peu de temps après, on est retournés sous le pont car la mairie avait donné son aval pour des fouilles archéologiques et la construction de cet établissement.

Quand Marthe et moi, on s'était mariés, on n'était pas passés devant le maire. Du coup, on jouait un peu avec le système. Elle touchait les allocations de parent isolé pour nos deux enfants, Tonino et Redda. Une fois, un inspecteur est venu nous faire une petite visite surprise rue de la Liberté. Sans réfléchir, je lui ai claqué la porte au nez. Ça l'a contrarié.

Même à l'approche de sa retraite, il ne comptait pas nous laisser tranquilles. Il est revenu, cette fois-ci au campement, plus déterminé que jamais. Ce jour-là, je me suis caché. On lui a indiqué la direction de la caravane de Marthe. Il y est entré et a commencé à l'interroger sous le regard de Papa Jean. Elle lui a confirmé qu'elle vivait là, seule avec ses petits.

Et puis, Papa Jean est entré en scène. Avec sa dégaine d'Indien de carnaval, il s'est planté devant l'inspecteur et lui a lâché : « Monsieur, vous cherchez quoi, exactement ? Vous n'auriez pas l'intention de tourner autour de ma nièce, par hasard ? » L'inspecteur, ahuri, a pris ses jambes à son cou. Les gitans étaient hilares. Quand Jean racontait cet épisode, il en rajoutait des caisses. « Rien de plus simple ! J'avais mon fusil dans la caravane, prêt à l'action ! »

Quand je passais au bureau rue de la Liberté, j'allais souvent boire un café place du Forum avec le photographe Vincent Bertomeu. Il faisait partie de ces copains toujours prêts à donner un coup de main quand il le fallait. Non seulement Vincent était doué pour tirer le portrait, mais il rédigeait nos dossiers de presse. Un vrai couteau suisse artistique.

Quand je lui ai raconté mes déboires avec Tarta, il m'a proposé de tourner un clip pour le festival du vidéoclip de Saint-Tropez en octobre 1984. Ce format faisait alors fureur, et l'idée était de profiter de l'exposition médiatique. Seul hic, ça coûtait très cher.

Vincent a alors eu une idée de génie : en réaliser un à partir de diapositives, sur une musique instrumentale des Gipsy Kings. « Allegria » s'est imposée pour son ambiance cinématographique.

On s'est tout de suite plongés dans cette aventure. Vincent et son épouse Joëlle ont imaginé une histoire autour d'un cheval épris de liberté, clin d'œil à l'esprit gitan. Ensuite, ils ont fait un montage de photos, et des amis de Vincent de France 3 Méditerranée ont filmé les diapositives qu'il projetait manuellement. Voilà comment notre clip, de 2 minutes et 46 secondes, a vu le jour.

Le festival s'annonçait comme un rendez-vous international incontournable. Un écran géant se dressait face au port et des projections étaient prévues au cinéma La Renaissance. Pas moins de 450 clips étaient en lice, dont ceux de David Bowie et des Rolling Stones.

Évidemment, on n'a pas raflé de prix, mais, contre toute attente, le magazine *Vidéo 7*, une référence à l'époque, nous a accordé une page entière. On avait réussi à se faire remarquer.

Ce clip a marqué la fin de notre collaboration avec Jacqueline Tarta. Peut-être que ça l'a froissée de ne pas avoir été informée, ou peut-être qu'elle s'en est servie comme prétexte pour prendre ses distances. Ça m'a peiné de ne pas avoir connu le succès avec elle, car elle le méritait. Elle nous avait grandement aidés.

Plus tard, le disque *Allegria* s'est vendu comme des petits pains. Les bénéfices générés par « Djobi, Djoba » étaient importants. En 1987, deux versions de la chanson figuraient au Top 50, celle de Jacqueline Tarta et celle de Claude Martinez. Mais pour le moment, on était de nouveau sans producteur.

8

Les Gipsy en ébullition

Ranger les guitares au placard ? Jamais de la vie ! Toutes les raisons du monde de persévérer étaient désormais réunies : d'une saison à l'autre, lors de nos animations à Saint-Tropez, on mettait le feu. Et notre jeu s'affinait. Sur la plage ou lors des soirées, à deux ou sept musiciens, on créait des moments festifs hors du commun.

Depuis nos débuts, on avait joué devant du beau monde : Johnny, Dalida, Michel Legrand... Une fois, à l'anniversaire de Romy Schneider. Une autre, chez Petula Clark. On nous adorait. Ici, Annabel Buffet déclarait sa flamme aux gitans. Là, Jack Nicholson nous serrait chaleureusement la main. Sans oublier Yannick Noah, Juliette Gréco, ou George Michael qui nous suivait partout, captivé par notre musique.

De temps à autre, on faisait un saut à Paris. Francis Lalanne était un ami fidèle. Lors de la Fête de la musique, le 21 juin 1984, il nous a invités à le retrouver sur la place de la Concorde devant une foule de 250 000 personnes. À l'affiche, il y avait aussi Bernard

Lavilliers, le violoniste israélien Ivry Gitlis et le chanteur algérien Rachid Bahri. Pendant ce temps, Johnny électrisait la place de la République tandis que Téléphone, Jacques Dutronc et le groupe sénégalais Touré Kunda faisaient vibrer celle du Trocadéro. Une belle soirée, où la diversité musicale était à l'honneur.

Mais Saint-Trop' était notre repaire, et notre musique, sa bande-son. Le jour, on y dansait sur « Djobi, Djoba » et sur « La Dona ». Le soir, on s'y déhanchait sur les tubes de Gloria Gaynor et Donna Summer, que ce soit aux Caves du roy ou au Papagayo. Des boîtes de nuit diffusaient aussi notre musique. Merci au DJ Philippe Corti, le premier à l'avoir fait à la Scatola, à Port-Camargue, puis dans les bodegas de Nîmes et Arles pendant les férias !

À partir du milieu des années 1980, le son gitan était partout. Des aficionados emportaient même une cassette au restaurant et la remettaient au serveur. Jacotte m'avait raconté qu'un soir, un invité lui avait piqué ses cassettes des Gipsy Kings. Forcément, nos disques n'étant pas distribués, ils étaient introuvables. J'étais le seul à les vendre.

Tout au long de l'année, dès que je décrochais une soirée privée, je partais avec Nicolas et Tonino. En été, j'appelais les autres frères Reyes et Baliardo, car on était plus sollicités que jamais. Désormais, nos clients se pliaient à nos disponibilités. Tranquillement, j'augmentais les prix, mais de manière raisonnable. On était souvent engagés aux alentours de Saint-Tropez et dans les arènes de la région. On faisait bonne impression : j'avais tissé des liens avec la famille Demery, à l'origine de la marque Souleiado qui nous fournissait toujours des chemises stylées.

Pendant la féria d'Arles, je montais une bodega dans une petite pizzeria, rue de la Liberté. Nos albums y passaient nuit et jour. Une année, j'ai diffusé en boucle « Djobi, Djoba » et « Bamboleo ». La rue était bondée. Ça dansait, ça trinquait, ça chantait. La photographe de mode Dominique Issermann était une habituée. Plus tard, je lui ai demandé de créer la pochette de mon premier album solo, après ma séparation d'avec les Gipsy Kings. Une fois, une amie est arrivée avec Frédéric Mitterrand, qui était alors présentateur de télé – il est parti à 5 heures du matin, la chemise sous le bras. Papa Jean était notre mascotte ; il était là tous les soirs, toujours en quête de la perle rare, grand séducteur qu'il était. C'était la fiesta perpétuelle !

Trouver une raison de faire la fête était un jeu d'enfant. En mai 1985, Mazen Pharaon, le conseiller du roi Khaled d'Arabie saoudite que j'avais rencontré à Saint-Tropez, m'a donné carte blanche pour organiser une soirée gitane lors du pèlerinage aux Saintes-Maries. « C'est toi qui nous invites, et c'est moi qui te l'offre », m'avait-il dit. Mon fils Tonino venait d'être baptisé. L'occasion parfaite pour une grande célébration.

J'ai réservé l'auberge le Pont des Bannes, où j'ai convié la communauté gitane. Michel Vauzelle, ancien conseiller municipal à Arles et proche de François

Mitterrand, nommé porte-parole de la présidence de la République, m'a suggéré d'inviter Jack Lang, le ministre de la Culture, alors en visite à la féria de Nîmes. Ce que j'ai fait. Entre deux fandangos, Lang, subjugué par notre musique, m'a demandé : « Et pour la culture gitane, que se passe-t-il ? » Rien d'extraordinaire. « Vous devriez proposer quelque chose », a-t-il suggéré. J'ai saisi la balle au bond : « Si vous m'en donnez les moyens, je suis prêt à le faire. »

Deux semaines plus tard, il m'invitait à un grand dîner pendant la Conférence européenne du livre à Arles, où des professionnels de tous les pays de l'Union européenne se réunissent pour discuter de l'avenir de l'édition en Europe. La soirée se déroulait à la manade d'Hubert Yonnet, le plus important éleveur français de taureaux espagnols. Françoise, son épouse, convaincue que mes quatre compères gitans et moi étions là pour animer la soirée, nous a relégués en cuisine. Par un heureux hasard, un membre de la suite ministérielle nous y a découverts, alors qu'il pensait qu'on avait décliné l'invitation. Il nous a propulsés à la table du ministre.

À un moment, on s'est levés, on a joué, on a tout donné. À la fin, le maire RPR d'Arles, Jean-Pierre Camoin, a sorti un billet de sa poche et me l'a tendu comme si on avait été dans un resto. Malgré mon embarras, j'ai repris place et me suis tourné vers Lang : « Et si on lançait un festival de musique gitane et tzigane avec des artistes connus ? » Je lui avais préparé un dossier. Le ministre a pris ma suggestion au sérieux.

Je n'avais pas anticipé à quel point culture et politique pouvaient être étroitement mêlées. Parce que j'avais soutenu la candidature de Michel Vauzelle, Camoin n'a rien voulu savoir de mon projet. Surpris de cette réaction, j'ai demandé conseil à mon ami Luc Jalabert, dont la famille avait une longue histoire dans l'élevage de chevaux en Camargue. Il m'a orienté vers Simon Casas, l'ancien matador qui dirige maintenant les arènes de Nîmes. Simon, très enthousiaste, m'a mis en contact avec le maire UDF de Nîmes, Jean Bousquet.

Bousquet, un homme de culture, avait choisi de miser sur les artistes pour donner une bouffée d'air frais à sa ville, et il aimait bien faire la fête. Pour les affiches de la féria, il sollicitait les peintres. Pour redessiner les armoiries de la ville, il a mis à contribution le designer Philippe Starck. Quant au Carré d'Art, il l'a soumis à un concours international remporté par l'architecte Norman Foster. Même les poubelles ont eu droit à un relooking par Andrée Putman. Mon festival de musique gitane venait compléter le tableau artistique, sans oublier qu'à Nîmes, il y avait aussi une communauté gitane, espagnole et maghrébine.

Avec Patrice Angosto, mon vieux copain de la Maison des jeunes d'Arles, j'ai monté l'association Mosaïque gitane et décroché une convention exceptionnelle avec la mairie : en cas de bénéfices, on se partagerait la mise, sinon la ville couvrirait les pertes. Chaque année, les comptes étaient à l'équilibre.

Pour la première édition, j'ai vu les choses en grand : des artistes gitans et tziganes, venus de toute l'Europe, ainsi que d'autres partageant cette sensibilité. Et une exposition de peintures dans la chapelle des Jésuites.

Il restait à dénicher ce petit monde. Pour contacter la légende du flamenco Paco de Lucia, j'ai fait appel à Ruedi Ledermann, époux et manager de Nina Corti, un fin connaisseur du flamenco. Et je me suis occupé des autres musiciens.

D'un coup, tous les voyants étaient au vert, du ministère de la Culture à la mairie de Nîmes, en passant par la gitanie internationale. Jean-Paul Cleren s'est chargé de l'affiche. Et pour ajouter une touche encore plus authentique à l'événement, j'ai décidé de planter des caravanes devant les arènes de Nîmes.

Avec deux amis, mes chevilles ouvrières, j'ai réalisé de véritables prouesses. Du 4 au 7 septembre 1986, c'était le grand barnum. La première soirée s'est ouverte avec la compagnie Mario-Maya, formée de quinze danseurs et musiciens de flamenco.

Le lendemain, l'orchestre Rajkó et ses trente violonistes de Hongrie ont enchanté la scène, suivis de Paco de Lucia et son groupe. Ce soir-là, un gitan est venu vers moi avec un trophée et un bouquet de fleurs. J'ai d'abord pensé que c'était pour Paco, mais il me les a tendus en disant : « Pour le bien que vous faites aux gitans. »

Le lendemain, encore un beau programme : le virtuose de la guitare jazz manouche Biréli Lagrène, la danseuse de flamenco Nina Corti et les Gipsy Kings.

Pour couronner le tout, le dernier jour a vu les fameux matadors espagnols Curro Caro et Curro Romero réaliser des exploits tandis qu'on assurait la musique. Ce soir-là, trente guitaristes se sont joints à nous, acclamés par les « Olé » de la foule de 13 000 spectateurs. La fête, c'est tout un spectacle.

Une autre nouvelle me donnait le sourire. Le notaire suisse Didier Tornare voulait financer un disque. Je l'avais rencontré au Moorea où il s'était associé avec Robert Rameau. Ce play-boy comptait, parmi sa clientèle, des personnalités du showbiz comme Sophia Loren, Melina Mercouri, Mireille Darc, en plus d'être le président du FC Servette, le club de football de Genève. Une version suisse de Bernard Tapie.

Longtemps, je m'étais rêvé produit par Eddie Barclay. On se croisait régulièrement place des Lices. Il nous avait entendus plusieurs fois au bistrot de Lices, en train de faire un bœuf avec ses deux protégés, le guitariste américain Al Di Meola et le Brésilien Armando Monteiro. Footballeur du PSG, ce dernier avait troqué ses crampons contre des sandales, et créé le groupe A Samba, qui rencontrait un certain succès à Saint-Tropez.

Malgré quelques engagements pour animer ses soirées, il nous regardait de haut. Un après-midi, on a accompagné Charles Aznavour au piano, mais ça n'a pas eu l'effet espéré. Une autre tentative à La Voile rouge s'est soldée par un échec. On s'était approchés de sa table, et il semblait apprécier notre musique. Mais ce n'est qu'après l'arrivée de notre succès qu'il s'est intéressé à nous.

C'était vraiment rassurant d'avoir Tornare de notre côté. Il nous a suggéré le producteur Alain Morisod. On s'est rendus chez lui à Chevrens, près de Genève, pour enregistrer dix morceaux, parmi lesquels figuraient « Bamboleo » et « Bem Bem Maria ».

Les Gipsy Kings étaient formés de Nicolas, Pablo et André Reyes, d'une part, et des compères Tonino, Diego et Max Baliardo, d'autre part. Au milieu de cette mosaïque, moi. On assurait le *compás* pour soutenir nos deux prodiges : Nicolas, à la voix, et Tonino, à la guitare. J'étais convaincu que la présence de deux fratries était la clé d'une force à toute épreuve.

L'album était sur le point d'être terminé quand Jean-Pierre Demery, le patron de Souleiado qui nous habillait pour nos shows, m'a invité à Saint-Rémy-de-Provence pour le mariage de Luc Peyronnel, le propriétaire du café de la Jatte, à Neuilly-sur-Seine, dans la banlieue parisienne chic. J'y suis allé avec Nicolas et André. À nouveau, la fièvre gitane s'est emparée de la fiesta.

Parmi les invités se trouvait Stéphane Clavier, le réalisateur et frère de Christian. Très enthousiasmé par notre musique, il m'a conseillé de contacter son beau-frère, Claude Martinez. Honnêtement, je ne savais pas trop qui c'était. Il m'a expliqué qu'il était associé à Paul Lederman et qu'ils avaient produit Thierry Le Luron et Coluche. Je me suis dit qu'il était le gars qu'il nous fallait.

Jusqu'alors, je me déplaçais toujours pour les affaires, mais cette fois, j'ai refusé. S'il était vraiment intéressé par les Gipsy Kings, qu'il descende à Arles. Un rendez-vous a été fixé le lendemain, et Martinez est arrivé en Cadillac, place du Forum. Ça m'a impressionné.

Je lui ai fait écouter notre maquette enregistrée en Suisse, il est resté de marbre. Sur « Bamboleo », pas une réaction. Je commençais à penser que l'album était un fiasco. Puis, à la toute fin, il a capté une petite mélodie et a lâché : « Avec ça, on pourrait peut-être décrocher une pub. » J'ai mordu à l'hameçon comme un poisson affamé.

Tornare était d'accord pour mettre le disque de côté. Après tout, il n'était pas producteur et voulait juste nous donner un coup de pouce. À ce moment précis, j'ai commis une erreur colossale : pensant qu'il serait rassurant qu'un notaire passe nos contrats au peigne fin, j'ai eu la grande idée de lui conseiller de s'associer avec notre nouveau producteur.

Martinez, ce vieux renard, a pris notre maquette et a insisté sur le réenregistrement complet. Quelques imperfections par-ci, par-là, prétendait-il. En réalité, réenregistrer lui donnait le contrôle total des masters, un détail que j'ignorais. J'ai remis les clés du groupe à ce tandem, au lieu, simplement, de lui donner les doubles.

Au studio Pathé-Marconi, à Boulogne-Billancourt, on a rencontré l'arrangeur de Martinez, le bassiste Gérard Prévost. L'enregistrement se ferait sous sa houlette. Martinez, qui n'était pas musicien, lui avait demandé de moderniser notre musique. Gérard était le choix idéal. Musicien rodé, il avait traîné ses notes du Vrai Chic parisien, le café-théâtre de Coluche, jusqu'au Grand Orchestre du Splendid, dont il était cofondateur. On s'est tellement bien entendus avec lui qu'il est resté douze ans avec les Gipsy Kings. Il y avait aussi l'arrangeur Dominique Perrier, qui avait travaillé avec Jean-Michel Jarre et l'avait suivi en Chine. Mais on ne l'a pas trop vu. Gérard a tout géré.

Au départ, il avait du mal, car il ne connaissait rien à la rumba catalane, faute d'avoir fréquenté l'école gitane de solfège. Aucun des Reyes et des Baliardo ne savait déchiffrer une partition, ils jouaient tout à l'oreille, et c'était toujours magnifique. Qui a besoin de partitions quand il peut jouer à l'instinct ?

Gérard a adopté une approche différente. Il nous a observés pour comprendre la dynamique du groupe et a vite saisi que les guitares suivaient la voix du chanteur. Il était épaté qu'on enregistre les titres sans répéter, avec la même insouciance qu'à la pause-café. Il a toutefois dû faire preuve de patience, car « reprendre au deuxième couplet » ne voulait rien dire pour nous. S'il y avait un problème, on recommençait à zéro. Et Nicolas ne s'économisait pas. Aussi bien en répétition qu'en enregistrement, il chantait à pleins poumons. Gérard utilisait des gestes qu'il avait mis au point pour dire « refrain », « introduction » ou « couplet ».

Il s'est vite pris au jeu : insuffler un coup de frais à nos chansons était un beau défi. Il a d'abord retravaillé la structure des morceaux. Sur « Bamboleo », par exemple, au lieu de partir directement sur le refrain, il a introduit un couplet d'ouverture. Puis, il a ajouté une section rythmique pour le peps, mais il a fallu trouver comment agencer les guitares acoustiques avec les claviers, la basse, la batterie et les percussions. Ça a ouvert plein de possibilités. Cette touche d'énergie rock a rendu notre musique accessible à un large public.

L'album bouclé, on était convaincus d'avoir un vrai bijou. Il était dans l'air du temps ; on surfait sur la vague de la Movida espagnole. Madonna chantait « La Isla Bonita », nos chansons résonnaient pendant les férias, et « La Bamba » de Los Lobos était en tête des hits lorsque l'album *Gipsy Kings* est sorti à l'été 1987. Il ne manquait plus que la petite étincelle.

Mais cette étincelle, il a fallu la provoquer. Notre 45-tours présentant « Bamboleo » en face A, et « Quiero Saber » en face B, personne n'en voulait au début. Ni Pathé-Marconi, ni Warner, ni Phonogram, ni aucune des grandes maisons de disques. Qu'à cela ne tienne, Martinez a créé sa propre boîte de distribution, la fameuse MD. C'était en juin 1987, pile au début des vacances. Notre salut résidait dans la promotion, alors il a engagé Tony Krantz, l'attachée de presse du Tout-Paris.

On a bouclé le clip de « Bamboleo » en un rien de temps. Stéphane Clavier était derrière la caméra. Avant cela, il avait arpenté les plateaux en tant qu'assistant réalisateur pour des cinéastes connus tels que Patrice Leconte pour *Les Bronzés* ou Jacques Becker pour *L'Été meurtrier*. C'était un amoureux de la culture espagnole et un aficionado de la tauromachie, deux passions qu'il avait mises en scène dans son premier court-métrage, *Le Torero hallucinogène*, avec Farid Chopel, une icône des nuits parisiennes que chacun reconnaissait dans la rue depuis ses spots publicitaires pour Perrier.

Stéphane connaissait la région, alors il a suggéré de filmer le clip à Eygalières. Il a rappelé Farid, avec qui je me suis lié d'amitié et qui est devenu un habitué des caravanes. Il a aussi engagé la jeune Géraldine Pailhas, dont c'était le premier tournage. On a mis la famille à contribution pour jouer les figurants : les épouses, les enfants, et même Papa Jean. Farid était d'origine kabyle, mais on aurait juré qu'il avait du sang gitan avec sa façon de danser.

À la fin du mois de juillet, le monde de la mode s'est enflammé pour Christian Lacroix. Le couturier arlésien dévoilait sa première collection haute couture à Paris, inspirée de la culture d'Arles et de Camargue. Les mannequins défilaient au rythme de nos chansons. Plus tard, lors de la fête à l'hôtel Intercontinental, on a apporté les couleurs musicales de chez nous avant de prolonger la *fiesta gitana* aux Bains-Douches jusqu'à l'aube.

Août pointait le bout de son nez lorsque les radios se sont décidées à diffuser « Bamboleo ». Dès réception du 45-tours, j'ai foncé aux Caves du roy pour le remettre au DJ. La réaction ? Un feu d'artifice ! Cette chanson de 3 minutes et 25 secondes allait changer nos vies, c'était écrit dans les étoiles.

9

Destination succès

Et on a décollé comme une fusée ! Dès septembre, Max Guazzini, le patron de NRJ, s'est lancé avec nous. À l'époque, c'était la radio à écouter. Puis, Patrick Sébastien a choisi « Bamboleo » comme générique pour sa nouvelle émission, *Farandole*, sur la Cinq.

À partir de là, on squattait les plateaux télé. Chez Michel Drucker dans *Champs-Élysées*, chez Thierry Ardisson dans *Bains de minuit* chaque mois, chez Stéphane Collaro dans *Collaricocoshow*, sans parler des télés locales… Je ne me rappelle pas une émission à laquelle on n'a pas participé. Le 31 décembre, on finissait l'année en beauté dans un spécial réveillon animé par Jean Poiret, et le 1er janvier au matin, on était chez *Matin bonheur*. Même le journal de 20 heures d'Antenne 2 est venu voir notre « camping ».

Ah, le « camping » ! Les télés en raffolaient. Des gitans qui cartonnaient et qui vivaient sous un pont, c'était la cerise sur le gâteau. Une fois les caméras éteintes, on prolongeait le bon moment autour d'un repas concocté par notre chef cuistot, Clémentine.

L'atmosphère était conviviale. Les enfants riaient, les guitares chantaient, Papa Jean faisait son numéro. Les journalistes étaient aux anges. Petit à petit, ils sont venus de tous les coins de France, puis de l'autre côté de l'Europe, puis des États-Unis et même du Japon. Plus tard, ça m'a fait drôle de voir le légendaire *Rolling Stone Magazine* nous consacrer un reportage.

Sur scène aussi, ça marchait fort. En décembre, on a rempli La Cigale deux soirs d'affilée. Bardot m'avait envoyé un télégramme pour nous féliciter. Notre passage à Paris était même annoncé dans le JT de La Cinq. Pour la première fois depuis la sortie du disque, on avait un retour du public. Et c'était la même réaction que lors de nos soirées privées à Saint-Tropez : dès qu'on posait la main sur les guitares, les gens devenaient dingues, dansaient, chantaient. Les filles criaient si fort qu'on ne s'entendait pas jouer. En coulisses, Martinez clamait à qui voulait l'entendre : « C'est les nouveaux Beatles ! » Il nous avait demandé de faire un rappel, ce qu'on n'avait jamais fait. À la fin, je faisais signe aux gitans de sortir et, cinq minutes plus tard, on réapparaissait sur scène. « On aurait pu se passer de sortir si c'était pour revenir aussitôt », a lancé l'un d'eux à notre bassiste, Gérard Prévost. Toujours flegmatiques, les gitans. Moi, je voyais bien ce qui se dessinait. Le fiasco du Café de la Gare était loin derrière nous.

Dans la foulée, on a sauté dans un avion pour New York où on a filmé le clip de « Djobi, Djoba ». Pas question de diapositives cette fois ! On tournait avec

Stéphane Clavier à Soho, le quartier des artistes, en mode gitans rebelles, avec nos blousons en cuir et nos santiags soigneusement choisies par la styliste Maripol, amie de Basquiat et de Keith Haring, qui s'occupait aussi du look de Madonna.

Le clip était aussi bien ficelé qu'un épisode de *Game of Thrones* : on improvisait une performance dans la rue, juste en face d'un studio de danse, et les danseuses, envoûtées par notre rumba gitane, nous invitaient à les rejoindre. Comme on chantait en playback, la musique résonnait dans la rue pour assurer une synchronisation parfaite. Tout à coup, des passants se sont arrêtés puis un attroupement s'est formé malgré le froid mordant. Un signe prometteur ! Le pays entier allait bientôt nous adopter.

Stéphane avait pris des chambres au très rock'n'roll Gramercy Park Hotel, un building resté dans son jus où les musiciens faisaient escale. Mais il était si mal chauffé qu'on dormait entièrement habillés. Les Gipsy Kings pouvaient déborder d'énergie sur scène, mais on était loin de ressembler à des rock stars, dans ces conditions-là.

Du jour au lendemain, tout le monde est arrivé à prononcer « Gipsy Kings » sans accroc, sans sourire en coin. Désormais, notre nom était universel, et sur toutes les lèvres. Les Reyes et les Baliardo étaient fiers d'en faire partie.

Depuis cet été 1977 où j'ai pris les choses en main après le concert à L'Olympia avec Enrico Macias, je n'avais jamais cessé de croire en ce groupe. Et si, dans les petits concerts que j'organisais, on ne gagnait pas un sou, c'était un apprentissage, comme les soirées privées qu'on animait. Jamais je n'aurais imaginé que le succès nous emporterait pendant des semaines puis des mois et des années. On s'est tout de suite hissés dans le Top 50 avec deux titres : « Bamboleo » et « Djobi, Djoba » dans les deux versions de Claude Martinez et de Jacqueline Tarta. Du jamais-vu ! Face à notre envolée, Phonogram a aussitôt voulu sa part du gâteau et remis le disque *Luna de fuego* sur le marché, sans nous avertir.

Semaine après semaine, on grimpait les échelons du Top 50 en se frottant à des tubes comme « Bad » de Michael Jackson, « Joe le taxi » de Vanessa Paradis, « Ella, elle l'a » de France Gall, « Sans contrefaçon » de Mylène Farmer ou encore « Who's That Girl » de Madonna. La folie, je vous dis ! Tout cela s'est déroulé dans les quatre premiers mois qui ont suivi la sortie de notre disque.

Soudain, on nous a sollicités de tous les côtés. Les fans en redemandaient, les femmes étaient sous le charme, tout le monde voulait prolonger la fête à la fin des concerts. Et les mois s'enchaînaient plus vite qu'un solo de guitare de Tonino.

Que ce soit à la télé ou à la radio, dans un journal ou un magazine, c'était moi qui prenais le micro en tant qu'interlocuteur, qui expliquais, décryptais, racontais l'histoire de notre groupe, de ses débuts à Arles jusqu'à

Saint-Tropez, en passant par la rencontre avec Bardot et la synthèse des familles Reyes et Baliardo. J'étais le décodeur Canal Plus de la gitanie !

J'ai aussi vite compris que le succès vient avec un rythme de travail éreintant. Ça m'a ramené aux années 1970, à l'époque où Claude Marret, le patron du Byblos à Saint-Tropez, nous avait engagés pour une saison. C'était la meilleure façon de perdre son âme, car personne ne prenait vraiment la peine d'écouter. Une fois, Claude François était venu dîner et n'avait pas levé le nez de son assiette. On a tenu bon une semaine, et j'ai dit stop. Puis, lorsque Jean-Marie Rivière, le bateleur de l'Alcazar et du Café des Arts, a voulu nous signer pour six mois, on a refusé.

Les gitans ont vite commencé à râler. Cette nouvelle cadence imposait une discipline stricte : lever matinal, succession de séances photo, répétitions interminables avant les émissions télé, déplacements incessants. Et la promo n'était pas payée, ce qu'ils ne comprenaient pas, tout comme le principe des droits d'auteur que la Sacem ne nous versait qu'un an après la sortie du disque.

Pour ne rien arranger, les Reyes et les Baliardo refusaient de partir en tournée plus de trois semaines afin de ne pas trop s'éloigner de leur famille, ce qui agaçait prodigieusement les tourneurs ; ou alors il fallait partir avec tout le monde, ce qui était impossible. Toute ma vie, j'avais rêvé du succès pour ce groupe. Maintenant qu'on le tenait, pas question de faire marche arrière.

Début 1988, on a sillonné la France avant de s'envoler pour le Canada. L'accueil du public était phénoménal, et les conditions, royales : limousines, jets privés, hôtels somptueux. Les Québécois avaient, semblait-il, une affinité innée avec l'esprit gitan. On reviendrait !

Martinez ne suivait jamais notre équipe en tournée. Mais on pouvait compter sur Stéphane Hohl, un disquaire très sympa parti travailler chez Vanessa Productions, le label créé par le notaire suisse Didier Tornare. Les gitans l'avaient surnommé Marco. Il s'occupait de la logistique, en plus de gérer les finances des tournées. Il était très surpris par le calme des gitans. Pas de comportement rock'n'roll de notre part, ce qui lui facilitait grandement les choses.

Il n'a pas fallu longtemps avant que les États-Unis ne frappent à la porte de nos caravanes. Robert Singerman, un agent et manager installé à New York, s'occupait de groupes de rock et de new wave, mais avait également collaboré avec des personnalités comme Fela Kuti, l'inventeur de l'afrobeat nigérian, et son compatriote King Sunny Adé. Il a tout de suite senti qu'on avait le potentiel pour percer sur le marché américain.

Alors que « Bamboleo » s'imposait comme le tube de l'été 1988 en France, il nous a programmés à Manhattan, d'abord au Palladium où l'on partageait la scène avec le groupe sénégalais Touré Kunda, dans le cadre du salon professionnel New Music Seminar, puis au club S.O.B.'s, où il a fait venir l'élite des grandes maisons de disques. Les jours suivants, les enchères ont monté en flèche. Robert avait ses entrées chez Howard Thompson, chargé des nouveaux talents chez Elektra Records. C'est ainsi qu'il a décroché un contrat de distribution avec cette maison de disques détenue par Warner Music Group.

Elektra jouissait d'une solide réputation. Son patron, Robert Krasnow, était célèbre pour sa curiosité musicale. Dans le milieu, il était reconnu pour sa vision artistique et son engagement à long terme avec les artistes.

De retour en France cet été-là, on a filé à Saint-Tropez, où l'on a été accueillis comme des héros. Quand on était partis, on était déjà au top dans la région. Là, on avait franchi de nouveaux sommets. Cette fois, on a joué sur une scène installée à La Foux, devant une foule de plusieurs milliers de personnes. Béa, de La Voile rouge, était là avec Patrick Bruel ainsi que le réalisateur Claude Zidi et son épouse. Jacotte n'a pu être présente à cause de sa claustrophobie, mais elle a dû entendre nos rumbas résonner à l'autre bout de la ville.

Sur le plan technique, on n'était pas encore au point, car on représentait un défi de taille pour nos ingénieurs du son, Jean-Louis Dagorno et Nicolas Judelewicz. Ils devaient jongler entre nos voix entremêlées aux sons des guitares acoustiques, aux *palmas*, aux roulements des doigts sur les caisses de guitare, sans compter les claviers, la basse et les percussions. Obtenir un son net dans de telles conditions n'était pas gagné d'avance, tout comme faire en sorte que la guitare de Tonino se démarque harmonieusement de l'ensemble. C'était une électroacoustique Takamine que Francis Lalanne, ébahi par son talent, lui avait offerte quelques années plus tôt. Les autres guitaristes et moi-même nous tenions devant des micros à pied, nos guitares flamenca à la main.

Jean-Louis Dagorno a innové en équipant chacune d'elles de deux micros : l'un positionné sur les cordes basses pour capter le passage de nos doigts sur les cordes, et l'autre placé sur la caisse pour le frappement. Takamine, qui a aussi conçu une guitare sur mesure pour Tonino, a ultérieurement perfectionné cette astucieuse configuration. Le son des Gipsy Kings en concert ne s'est pas fait en un jour !

Chaque morceau déclenchait l'hystérie. On n'y pense plus maintenant parce que tout le monde a nos chansons en tête, mais à l'époque, ce style musical était nouveau.

Outre « Bamboleo » et « Djobi, Djoba », notre répertoire regorgeait de titres aussi entraînants que « Bem Bem Maria » et « Tu Quieres Volver ». Sur scène, on avait juste à se tenir debout avec nos guitares, alignés, et à laisser la magie opérer.

Diego, Paco, André et moi, on battait le rythme avec le *compás* et les *palmas* pendant que la voix chaude de Nicolas dialoguait avec la guitare de Tonino. Lorsque celui-ci entamait un morceau instrumental, on prenait place autour de lui. Il trônait au milieu de la scène sur le faux fauteuil Louis XV rococo kitsch que nous avait généreusement offert Claude Challe, le directeur artistique des Bains-Douches.

Gérard, quant à lui, se laissait emporter par la musique, sautillant derrière nous avec sa basse. Le percussionniste Negrito Trasante-Crocco et le claviériste Dominique Droin étaient à fond. Jouer « Bamboleo » en rappel, c'était l'euphorie assurée.

Ce qui me faisait garder les pieds sur terre ? Retrouver le pont d'Arles. À peine étais-je rentré, la première question de Clémentine était toujours : « T'as mangé, mon petit ? », puis elle me faisait asseoir à table. Revoir Marthe et mes deux fils, Redda et Tonino, de 8 et 5 ans, me ressourçait. Et puis, quand on vit dans une caravane, il est difficile de tomber de bien haut.

Pour ce qui est des Reyes, Nicolas repartait vers Tarascon et André regagnait à Gimeaux une maison que je l'avais aidé à acheter avant le succès. Quant à Tonino, Paco et Diego, ils résidaient dans un ensemble HLM, entre la cité Mion et la cité Gelly, à Montpellier. Mais on avait à peine le temps de défaire nos valises qu'il fallait repartir.

On attendait avec impatience de percevoir nos droits d'auteur. On les a touchés pour la première fois à l'été 1988. Malgré l'envolée des ventes, notre enthousiasme a été refroidi. Selon notre contrat avec Martinez, le groupe ne touchait que 8 % sur les disques écoulés en France et 4 % à l'international. Une fois cette somme répartie entre les six membres, il ne restait plus grand-chose. Notre réussite était surtout flagrante à l'étranger.

Du coup, les gitans ne voyaient guère l'intérêt de repartir en tournée, d'autant plus qu'avec Martinez, elles rapportaient peu. Ça me rappelait le moment où Patchai avait quitté le groupe pour vendre des chaussettes, ou celui où Poulette avait jeté l'éponge au début du succès, fatigué de la promo. Je les ai encouragés à tenir bon.

Tornare et moi, on a fait pression sur Martinez pour que les Gipsy Kings deviennent coproducteurs de l'album suivant, ce qui nous a permis de passer de 8 % à 30 %. D'un côté, on touchait les droits d'auteur pour les chansons diffusées à la radio et interprétées sur scène. De l'autre, il y avait le pourcentage sur les ventes de disques, une affaire gérée par le producteur Martinez. Mais on ne discutait pas souvent affaires, car les tournées s'enchaînaient comme des dominos.

Les premiers à perdre pied ont été nos deux prodiges. Tonino, qui ne supportait pas d'être séparé de sa famille, a sombré dans la dépression. Quant à Nicolas, il piquait des crises de nerfs à répétition, à l'hôtel, dans le car ou dans les coulisses, hurlant : « Je ne chante pas ! » Mais, une fois sur scène, c'était comme si la musique les avait ensorcelés.

À part Gérard, Stéphane et moi, les gitans ne se rendaient pas compte de ce qui nous arrivait. Ils étaient détachés de tout, comme à Saint-Tropez. Cela a été en partie la force du groupe. Et comme ils vivaient dans leur propre monde, la naïveté dont ils faisaient preuve en voyage était aussi une source inépuisable de rigolades. Ils dépensaient une fortune en téléphone pour joindre leurs familles à Arles et à Montpellier à toute heure du jour et de la nuit, sans se soucier du décalage horaire.

Parfois, à l'hôtel, pour retrouver le numéro de chambre d'un de leurs frères, ils appelaient leurs femmes en France, qui faisaient ensuite le relais avec Stéphane. Au restaurant, ils demandaient toujours la carte, même s'ils ne savaient pas lire, et la tenaient souvent à l'envers. C'étaient de sacrés numéros !

Et puisqu'ils étaient tous frères, ils fonctionnaient en mimétisme. Quand Tonino a mis la main sur sa nouvelle guitare blanche, tous ont voulu la même. Si l'un d'entre eux mangeait, tous devaient manger. Ils respectaient scrupuleusement leurs trois repas par jour, même s'ils avaient déjà fait ripaille dans l'avion.

Un jour, en arrivant pour la balance dans une grande salle de concert à l'étranger, on a croisé des techniciens qui, après avoir passé la journée à monter la scène et installer le matériel, faisaient une sieste bien méritée. Nicolas a lancé : « Pas la peine de les payer, ils ne font que dormir ! » Gérard était plié en quatre. Une fois à l'aéroport, je les ai surpris avec des sacs-poubelles pleins de merchandising Gipsy Kings, tous ravis parce que c'était gratuit.

Cette spontanéité devait plaire au public. Le succès ne nous grisait pas, sauf peut-être les groupies. On restait aussi naturels qu'à La Voile rouge. Pas de show réglé au millimètre pour nous. On n'était pas Taylor Swift !

Notre album *Gipsy Kings* a non seulement brillé au Top 10 de plus de six pays européens, mais a raflé un disque d'or en Suisse, au Portugal, aux États-Unis, en Grande-Bretagne et au Japon, suivi d'un disque de platine en France, en Australie, au Canada, et même d'une cassette d'or en Turquie ! Du coup, on est un peu devenus les ambassadeurs tricolores à l'étranger. Un Maghrébin et des gitans chantant en catalan gitan, portant un nom anglais, dégageant une énergie digne d'un groupe de rock – voilà, c'était la France. Si le groupe avait eu envie de partir en tournée pour de longues périodes, on aurait fait le tour de la planète à longueur d'année.

Notre succès a servi de rampe de lancement à d'autres artistes français, comme Manu Chao. On a secoué le cocotier du marché hexagonal en devenant les chefs de file de la *world music*, cette nouvelle expression un peu fourre-tout pour désigner les groupes qui ne chantaient pas en anglais. Avant nous, la chanson française se résumait à Édith Piaf, Mireille Mathieu et Maurice Chevalier.

Désormais, nos chansons attiraient l'attention de stars internationales. Une dizaine d'entre elles se sont emparées de « Bamboleo », à commencer par les têtes d'affiche de la salsa, comme Celia Cruz & The Fania All-Stars, Willie Colón, le roi du merengue Sergio Vargas, et même Julio Iglesias. Notre musique n'avait plus de frontières.

On a déclenché un phénomène inattendu : le public a été conquis par la guitare acoustique à une époque où tout le monde était branché sur l'électrique et l'électronique, et on a fait naître des vocations. On a popularisé la rumba catalane à l'échelle mondiale, à tel point qu'aujourd'hui, elle suscite des plaidoyers passionnés en faveur de son inscription au patrimoine culturel immatériel de l'Unesco. En prime, notre répertoire a été adopté par tous les gitans.

Petit à petit, les gens du voyage ont été perçus de manière plus positive dans la société, grâce à des initiatives telles que le festival Mosaïque gitane, le label Sara Music, le théâtre équestre Zingaro de Bartabas, le cirque tzigane Romanès, ainsi que des films comme *Le Temps des gitans* d'Emir Kusturica et ceux de Tony Gatlif. Django Reinhardt a été extirpé de l'oubli, avec un nouvel engouement pour le jazz manouche. On a été partie prenante de ce mouvement.

Le disque *Gipsy Kings* est sorti en novembre aux États-Unis. De semaine en semaine, les ventes ont grimpé de milliers en centaines de milliers, pour finalement atteindre le million. C'était d'autant plus remarquable que le public américain était peu ouvert aux chansons non anglophones.

Mon frère Bobby, qui vivait à New York, a saisi l'ampleur de notre succès lorsqu'il a croisé un journaliste fan des Gipsy, du magazine *Actuel*, dans une boîte de nuit. Quant à ma copine Nathalie Laudon, la fille de Nicole de Saint-Tropez, elle a compris à quel point on cartonnait un jour où elle était coincée à New York dans un avion dont l'équipage a lancé nos chansons pour passer le temps.

Notre musique résonnait dans tous les recoins de la « ville qui ne dort jamais ». Notre manager Robert

Singerman avait eu l'idée ingénieuse de suggérer au service marketing d'Elektra de faire diffuser nos deux tubes dans tous les restos. Et ça a marché du tonnerre !

Dommage que Martinez n'ait pas honoré l'accord qu'il avait avec lui. De ce que j'en sais, il n'avait pas été payé et ils s'étaient brouillés. Il aimait notre musique et aurait pu nous propulser encore plus haut. Si je n'avais pas été occupé jour et nuit par le groupe, ça aurait dû me mettre la puce à l'oreille.

Lorsque Martinez a écarté Robert, il a embauché Pascal Imbert, un compatriote qui travaillait déjà avec Robert. Pour élargir leur équipe, ils ont fait appel pendant un moment à Shep Gordon, un agent qui connaissait tous les rouages du showbiz américain. Puis, ils ont orchestré une tournée à travers les États-Unis. Même Manitas et José, malgré leur triomphe au Carnegie Hall, n'avaient pas réussi une telle prouesse.

En février et mars 1989, on a découvert ce que signifiait l'expression « à l'américaine » : salles immenses, foules immenses, cars immenses, hamburgers immenses… On a débuté à New York en participant à deux émissions phares : le très branché *Saturday Night Live*, avec Glenn Close comme invitée spéciale, et le *Tonight Show*, le talk-show de Johnny Carson. En bonus, George Michael a utilisé « Quiero Saber » pour une pub Diet Coke dans laquelle il jouait. C'est ainsi que l'ensemble du pays nous a découverts.

Partout où l'on passait, les salles étaient pleines. Le Beacon Theatre de New York, le Berklee Performance

Center de Boston, le Warner Theatre de Washington D.C., mais aussi à Miami, Dallas, Chicago, Los Angeles… En quatre semaines, vingt concerts ont été complets.

Durant cette tournée, on a fait la rencontre de Joan Baez, notre fan numéro un aux États-Unis. Un an auparavant, elle nous avait envoyé une lettre manuscrite qui nous avait vraiment touchés. Jamais on n'avait reçu un tel témoignage. Elle nous disait qu'elle était devenue *« addict instantaneously »* dès la première fois qu'elle avait entendu notre musique dans une boîte de nuit. Après un concert au Palais des Congrès, elle avait passé toute la nuit à écouter en boucle notre album *Gipsy Kings*, et l'avait offert à son père, ses sœurs et ses amis. Son plus grand rêve était de chanter avec nous « Gracias a la Vida », une belle chanson de la Chilienne Violeta Parra.

Joan est venue nous voir au Warfield de San Francisco et nous a invités à participer à l'enregistrement de son nouvel album, *Speaking of Dream*s. Les deux autres *guests* n'étaient ni plus ni moins que Paul Simon et Jackson Browne. Classe !

Finalement, on a enregistré « A Mi Manera », notre reprise de « Comme d'habitude ». Lors de notre passage à Los Angeles, on l'a retrouvée en studio. Gérard s'est occupé de tout, pas seulement de l'arrangement. Comme Nicolas ne parlait pas un mot d'anglais, il lui a appris les paroles de la chanson de manière phonétique. Le jour de l'enregistrement, une seule prise a été nécessaire.

Nicolas s'est révélé exceptionnel. Le duo était magnifique. Merci la vie.

Cette tournée nous a tous marqués. Pour Gérard, c'était un retour aux sources. Il avait grandi au son du rock. Ses yeux brillaient comme les phares d'une Harley Davidson sur la Route 66. Il perpétuait la tradition d'*Easy Rider* avec nous. Mais les gitans n'avaient jamais entendu parler de ce film, ni même de la Route 66… En revanche, à Las Vegas et à Reno, ils comprenaient le dialecte des casinos. Ils étaient des flambeurs invétérés. Heureusement, on ne touchait pas tout l'argent des tournées en cash, sinon il aurait fini englouti dans les machines à sous et éparpillé sur les tapis verts.

À peine revenu en France, j'ai tenu pour la première fois ma fille Myriam, née en mars, dans mes bras, et on est repartis au Royal Albert Hall de Londres. Elton John avait réservé deux rangées de fauteuils pour lui et ses proches. La princesse Diana nous a envoyé un petit mot pour s'excuser de ne pas venir. Le Tout-Paris était là. Pour la première fois, on enregistrait l'un de nos concerts. Ensuite, on est allés au Hard Rock Café pour dîner. À un moment donné, un gars s'est penché vers Tonino et s'est adressé à lui en anglais. Stéphane traduisait : « Je m'excuse de vous déranger. Je voulais juste vous dire que vous êtes le plus grand guitariste. » Tonino l'a remercié puis s'est tourné vers Stéphane : « Dis, Marco, il est sympathique, c'est qui ? » « Eric Clapton ! » Il ne savait pas qui c'était…

Peu importait notre emploi du temps, fin mai, on allait aux Saintes-Maries avec les caravanes et tout le toutim. On n'aurait raté pour rien au monde le pèlerinage et l'occasion de revoir la famille au complet. On avait veillé à inscrire cela noir sur blanc dans notre contrat avec Martinez.

C'était la grande fête, et, dans ces moments-là, José nous manquait vraiment.

Alors que les souvenirs résonnaient encore, on refaisait déjà les valises. Au programme en juillet et en août : le Japon, les États-Unis, le Canada et le Mexique. Une quarantaine de concerts en seulement six semaines, avec leur lot d'avions, d'hôtels, de passages télé, d'interviews et de séances photos. Alors quand les Rolling Stones nous ont proposé d'assurer leur première partie lors de leur tournée aux États-Unis et au Canada, d'août à décembre, on a été très flattés, mais on a gentiment décliné. On était épuisés.

Le moment était déjà venu d'enregistrer un nouvel album. On a repris la même équipe, et notre arrangeur préféré, Gérard Prévost. On a enregistré onze titres, restant dans la tradition avec des morceaux splendides comme « Serena », « Trista Pena » et « Viento del Arena ». On a aussi testé la salsa, que Nicolas adorait, avec « Bossamba ». À chaque prise, Tonino ne cessait de nous impressionner. D'ordinaire, les solistes font le même solo en répétition puis lors de l'enregistrement. Pas lui. Chaque fois il improvisait, toujours plus créatif. Quant à Nicolas, ses interprétations nous laissaient bouche bée. Il chantait avec une telle intensité, exprimant toute la profondeur de l'âme gitane. Difficile de croire qu'il s'agissait de notre compère qui, à 12 ans, s'était montré trop timide pour se mettre en avant et remporter un prix.

Encore un tube en vue : « Volare ». À l'origine, c'était une commande de Gérard Oury, qui venait de terminer la réalisation du film *Vanille fraise*, avec Pierre Arditi et Sabine Azéma. L'action se déroulant à Capri, il avait d'abord envisagé une bande originale complètement italienne jusqu'à ce que l'acteur Richard Anconina lui suggère de jeter un coup d'œil du côté des Gipsy.

Martinez avait hésité à inclure ce morceau sur le disque ; il estimait qu'il tombait comme un cheveu sur la soupe. Gérard et moi, de notre côté, on était convaincus du contraire. Et on a eu raison ! Après avoir écouté les chansons enregistrées, on s'est tous regardés avec le sourire. On savait que cet album était un nouveau petit bijou.

Pour la jaquette du disque, j'avais une vision précise. Après la sortie de *Gipsy Kings*, Franck et Gilbert Ros, les stylistes espagnols et créateurs de la marque Paco Chicano, que j'avais rencontrés à Saint-Tropez, m'ont contacté. Ils avaient conçu une pochette ornée de fleurs, avec une silhouette de gitane en son centre. Une création tout à fait dans leur style néoromantique, avec des couleurs vives et une gitane iconique. Pour une fois, Martinez a approuvé ma suggestion. Par la suite, cette gitane est devenue l'emblème des Gipsy Kings, et on l'a imprimée sur une grande bannière qu'on affichait lors de nos concerts.

Je dis « pour une fois » car Martinez refusait chacun des projets que j'apportais au groupe, alors qu'ils pouvaient lui être bénéfiques. Par exemple, après le clip de « Bamboleo », mon ami Christian Audigier, qui possédait une boutique à Avignon et nous avait engagés à plusieurs reprises pour des soirées privées, avait offert de dessiner le *merchandising* : vestes, jeans, ceintures, chemises brodées, etc. J'avais organisé une réunion à laquelle Christian s'était présenté avec des prototypes. C'était du grand art. Martinez a refusé, prétendant qu'il avait déjà quelqu'un sur le coup. Dire qu'on aurait pu avoir une ligne chez Von Dutch… C'est lui qui nous avait habillés dans ce clip. Il nous avait même prêté sa Cadillac.

Autre refus de Martinez lorsque j'ai suggéré Tony Gatlif pour réaliser notre prochaine vidéo. Après l'enregistrement de « Bamboleo », il m'avait approché. Son travail m'enthousiasmait, d'autant qu'il était né en Algérie d'une mère gitane et d'un père kabyle. Ses films abordaient les thèmes de l'exil et du voyage, collant parfaitement à notre univers. Mais, ça n'a pas abouti…

En novembre 1989, l'album *Mosaïque* est sorti, et il était temps de repartir en tournée… promotionnelle. Cette fois, les gitans ont refusé. Trop fatigant, et ça ne paie pas, répétaient-ils. Du coup, j'ai assuré la promo en solo. Mes efforts n'ont pas été vains car, à la fin du mois, l'album était déjà disque d'or en Angleterre lorsqu'on a joué au Wembley Arena, près de Londres. C'était notre baptême du feu dans une salle aussi grande. Jack Lang, ministre de la Culture, était là, ainsi qu'une flopée de stars. Salle comble. On a ajouté une date le lendemain, complète aussi !

Le soir du premier show, on monte sur scène et les 12 000 spectateurs sont déjà debout, prêts à nous accueillir. Tonino est pétrifié. En *backstage*, Stéphane pousse un cri d'encouragement, et Tonino se jette finalement à l'eau.

Ce soir-là, Canut a retrouvé sa place dans le groupe après sept ans d'absence. J'avais à cœur qu'il profite pleinement du succès, vu qu'il en était l'un des membres fondateurs et qu'il avait traversé avec nous nos années de galère. Il était un artiste fabuleux. Comme ses frères, il se produisait devant des foules énormes avec un naturel déconcertant. On a mis une ambiance de féria, comme jamais. Le retour du prodige à tête d'Indien y était certainement pour quelque chose.

À chaque tournée, on en prenait plein les yeux, mais le moment qui m'a le plus touché n'a rien à voir avec le showbiz. Mon frère Chaib travaillait en tant qu'aide-soignant dans la maison de retraite d'Arles où Jeanne Calment, la doyenne des Français, était pensionnaire, place de La Croisière, avenue des Alyscamps. Marié à une Arlésienne pur sang, il s'était pris de passion pour cette culture, comme moi pour la culture gitane. Chaib est l'érudit de la famille. Chaque jour, il prenait place dans la chambre de Jeanne Calment pour écouter ses histoires. Elle le fascinait, pas seulement parce qu'elle avait vu Van Gogh de ses propres yeux, le trouvant laid comme un pou. Elle avait eu une vie bien remplie. Mariée à son cousin Fernand, propriétaire d'un grand magasin de tissus à Arles, elle avait mené une existence tranquille mais pleine d'aventures. Ses loisirs étaient assez atypiques pour une femme de son époque, comme la chasse, et elle aimait bien faire des escapades à Marseille pour déguster une bonne bouillabaisse.

Parce que, dans ma famille, on est très attachés à notre identité arlésienne, j'ai pensé que ce serait une belle idée de remettre à la centenaire notre premier disque d'or en France. Nicolas, André Reyes et moi, on est allés donner un petit concert dans la maison de retraite.

Le week-end suivant, j'ai organisé une excursion en louant un bus pour emmener une quarantaine de résidents dans le parc naturel régional de Camargue, au mas de La Chassagne, chez Luc Jalabert. On a fait un tour de l'élevage de chevaux, assisté à une course camarguaise avec un raseteur, puis on s'est régalés d'une énorme paella avant de sortir les guitares et de chanter avec les aînés. La fête a ravivé leur jeunesse.

Ces moments-là rechargeaient les batteries. Depuis que la vague du succès nous avait submergés, le temps où je cherchais désespérément des engagements en hiver était bien révolu. La haute saison, c'était désormais toute l'année. Ce changement dans notre vie quotidienne était d'autant plus marquant qu'à partir de l'album *Mosaïque*, des sommes importantes ont commencé à affluer sur nos comptes, notamment grâce aux droits d'auteur de la Sacem. Quant à Martinez, il nous donnait des miettes sur les ventes de disques, ce qui me rendait fou. Et le notaire suisse Tornare, que je pensais de mon côté, ne nous reversait pas un centime.

Chaque fois que les royalties tombaient, je répétais aux gitans d'investir dans la pierre. Je leur disais tout le temps que l'oiseau, en premier lieu, construit son nid. Beaucoup ont d'abord acheté des grosses cylindrées avant de se décider, bien plus tard, à acquérir une maison. De mon côté, j'ai opté pour une BMW blanche d'occasion, mais elle m'a été volée. J'ai rasé un vieux mas à la périphérie d'Arles pour en construire un nouveau. Vouloir bouger les choses m'a joué des tours. Les gitans ne m'ont pas laissé beaucoup de répit avant de me le faire payer.

10

Tagada, tagada, voilà les Dalton

J'avais tellement ramé pour trouver un producteur que lorsque je suis tombé sur Martinez, je n'ai pas écouté les sirènes d'alarme qui retentissaient dans ma tête. Je n'oublierai jamais le numéro qu'il m'a fait en écoutant la maquette qu'on avait enregistrée en Suisse, et qui deviendrait l'album *Gipsy Kings*. Pas le moindre sourire, ni même un clin d'œil (Jacqueline Tarta avait spontanément lâché un « C'est bon, ça ! » dès les premières notes de « Pharaon », dans ma voiture aux Saintes-Maries). À peine : « On pourrait peut-être décrocher une pub avec une mélodie. »

C'était un gros malin. On n'a jamais signé un contrat avec lui, juste une « convention » tenant sur une page. Dès l'article 1, le groupe lui assurait l'exclusivité de l'exploitation de sa musique dans le monde entier, à l'exception des États-Unis, du Canada et du Mexique. Il s'agissait aussi bien de l'édition musicale et phonographique que de l'exploitation de tous les droits découlant de notre activité, de notre image et de notre nom. La totale !

Il tenait l'ensemble de la chaîne de production : agent artistique et producteur de concerts avec sa société CAM Spectacles, il était aussi éditeur musical, producteur de disques, diffuseur et producteur audiovisuel avec les Productions et Éditions Claude Martinez (PEM). Paul Lederman et lui n'avaient pas mauvaise réputation pour rien.

Or, les Gipsy Kings étaient son premier projet en solo. Il n'avait produit que des humoristes jusque-là. Certes, il avait du métier, mais surtout la chance de bénéficier d'un arrangeur hors pair, en la personne de Gérard Prévost, et du leader que j'étais, prêt à me donner à fond. Lui ne l'était pas. Notre premier album a été un succès instantané, et ça marchait comme sur des roulettes. Il n'y avait qu'à entretenir la flamme. Martinez a cru à un feu de paille.

Son rêve ? Que « Bamboleo » devienne le prochain tube publicitaire à la télé, à la manière de « La Colegiala » de Rodolfo y su Tipica, que Lederman avait vendue pour la pub Nescafé et qui était devenue culte. Comme si notre musique était destinée à vendre du café, du camembert ou des pneus plutôt qu'à émouvoir les foules !

Dès le début, ça a coincé. À la différence de la plupart des groupes, les Gipsy Kings étaient sous contrat de licence avec les maisons de disques, et non sous distribution. Cela signifie qu'on prenait en charge les dépenses pour fabriquer les CD, les cassettes, les pochettes, ainsi que les frais de studio pour enregistrer les albums. Il nous a donc fallu créer une SARL, dont je suis devenu le gérant. Ainsi, on facturait la fabrication à Martinez, qui nous envoyait ses factures en retour, car il était en contact direct avec les labels en France et à l'étranger.

Cependant, nous n'avions pas le décompte de ses frais. Comme il tenait les cordons de la bourse, on n'a jamais vraiment su combien d'albums on vendait. Officiellement, 27 millions dans le monde, mais c'était sans doute plus. Quant aux redditions de compte, pourtant obligatoires, détaillant l'exploitation de notre musique, on n'en a jamais vu la couleur. Peut-être qu'il les expédiait par pigeon voyageur et qu'elles se sont perdues en route…

Rien n'était clair avec lui. Encore moins au sujet des royalties : on touchait 8 % sur les ventes de disques, comme de simples débutants. Ce pourcentage ne progressait pas en fonction des ventes, comme le veut l'usage. N'étant pas juriste, je n'y connaissais rien, c'est pourquoi j'avais impliqué le notaire Tornare dans cette aventure.

De son côté, il n'était pas en reste. Martinez et lui se partageaient les revenus de nos tournées internationales, en plus des disques. J'ai mis du temps à discerner sa vraie nature, car c'est avec lui qu'on avait obtenu que les Gipsy Kings deviennent coproducteurs de *Mosaïque*, notre deuxième disque, avec PEM, à hauteur de 30 % et non plus de 8 %. Le disque s'était vendu par centaines de milliers d'exemplaires – c'est alors qu'il est devenu vorace et, à mon sens, vraiment de mauvaise foi.

Puis François Mattei s'est greffé à ce duo. Cet ami à moi, ancien grand reporter au *Journal du dimanche*, s'était lié d'amitié avec le groupe. Quelques journalistes de ce genre faisaient partie de notre cercle. Avant notre succès, il y avait, par exemple, le photographe et journaliste François Roboth, qui avait commencé sa carrière au côté de Raymond Depardon. C'est lui qui a pris la photo de couverture de ce livre, sur laquelle on me voit à La Voile rouge. Pendant notre période de gloire, on côtoyait aussi Yves Bigot. Donc, quand Mattei est arrivé, je lui ai ouvert les portes de nos caravanes sans hésiter.

Il m'a tout de suite proposé d'écrire un livre sur notre histoire, et il nous a suivis lors de notre fameuse tournée aux États-Unis, en 1990. Peu après, *Gipsy Kings. ... parce que nous sommes gitans* est sorti chez Filipacchi. Le livre est plutôt fidèle à ce que nous sommes, même s'il exagère par moments. Ensuite, j'ai pensé qu'on en avait fini avec lui, mais il est réapparu avec des amis, bien décidé à déjeuner au camping. Quand je me suis expliqué avec lui, il a commencé à tourner autour d'André, le benjamin des Reyes. Ce gamin influençable répétait comme un perroquet tout ce que Mattei racontait. Je n'ai pas mesuré l'ampleur des dégâts qu'ils allaient causer ensemble.

J'ai toujours été honnête, depuis le moment où on a commencé à toucher un peu d'argent, que ce soit en faisant la manche à Saint-Tropez ou ailleurs. Quand je suis devenu gérant de la société, je n'ai pas changé d'un poil. Une amie qui travaillait aux impôts d'Arles m'avait conseillé d'engager une commissaire aux comptes, et je l'ai écoutée. Ma gestion était rigoureuse : les musiciens étaient déclarés, les charges patronales, payées, les factures, réglées. Comme la Sacem nous versait des royalties importantes, je mettais de côté de quoi payer les impôts parce que les gitans et la paperasse, ça faisait deux. La première fois que je leur ai parlé de l'Urssaf, ils ont cru que c'était le nom d'un gars d'Arles !

Mais j'étais un patron à mi-temps, si on peut dire, vu qu'on passait notre vie sur la route. Chaque fois que je demandais les comptes à Martinez, il les remettait à plus tard. Quand on s'énervait, il nous proposait un chèque pour calmer le jeu. Les mois défilaient, sans qu'on y voie clair dans nos finances.

Et la vie a suivi son cours. Pendant l'été 1990, j'ai donné un coup de main à Claude Lelouch, venu dans la région pour tourner *La Belle Histoire*, avec Gérard Lanvin et Béatrice Dalle. Il m'avait appelé après avoir vu l'affiche de Mosaïque gitane et voulait en savoir plus. Je lui ai fait découvrir Nîmes. Dès qu'il a vu les gitans sortir leurs guitares, les gitanes danser et la torera Marie Sara en action dans les arènes, il a été conquis.

On s'est si bien entendus qu'il m'a proposé un petit rôle. C'est dans sa nature. Quand il aime, Claude sort sa caméra. Ses films sont des témoignages d'amitié, et il me traitait comme il avait traité Jean-Louis Trintignant ou Jean-Paul Belmondo avant moi, avec cette gentillesse qui lui était propre.

Par chance, je n'ai pas fini coupé au montage ! Ça me changeait de Claude Zidi, qui avait zappé la scène avec les Gipsy Kings dans *Les Sous-Doués en vacances*. J'avais eu la honte de ma vie quand j'avais invité les copains au cinéma pour découvrir la séquence à La Voile rouge, et qu'elle n'était jamais venue ; je m'étais fait chambrer comme jamais. Rachid Bouchareb aussi nous avait oubliés dans la version définitive de *Bâton rouge*. Avec Lelouch, c'était différent. Il filmait la vraie vie. La preuve : il a capté des images du baptême de ma fille Myriam. Pour ça, je lui serai éternellement reconnaissant.

Notre rencontre a été comme une bouffée d'air frais. Les tensions grandissaient avec le trio infernal, mais je me sentais invincible. Si je menais le groupe d'une main de fer, je veillais sur les gitans, m'assurais que les tournées se déroulent au mieux et que tout le monde soit heureux. Chaque fois que je partais en guerre, c'était pour défendre leurs intérêts.

À force de voyager à travers le monde, je me suis rendu compte que nos revenus ne correspondaient pas à notre succès. Les salles étaient pleines, mais nos salaires restaient figés comme au premier jour. Martinez avait sa petite technique : il arrivait avec une mine d'enterrement et entonnait son refrain habituel : « C'est la catastrophe financière ! »

Ça nous tombait dessus comme un seau d'eau glacée en pleine figure. Quand je l'interrogeais sur les pubs qui utilisaient notre musique à la télé, il se contentait de dire qu'il s'agissait d'un échange commercial sans importance. Il avait réponse à tout.

Avant de partir au Japon, j'ai décidé de passer à l'action en lui envoyant une gentille lettre recommandée. Cette tournée était importante, même si on y allait à contrecœur, le voyage étant long, mais on devait toucher un gros cachet, dont on ne recevrait finalement que la moitié.

Sur les conseils d'un ami, j'ai contacté l'avocat André Schmidt, spécialiste du droit d'auteur à Paris, réputé pour avoir défendu les ayants droit de compositeurs russes comme Prokofiev. D'emblée, il a demandé à nous rencontrer tous ensemble. Dégager un producteur comme Martinez, ce n'était pas simple. Comme on était nombreux, il suffisait qu'une seule personne flanche pour que tout échoue.

Nous voilà dans son bureau. Schmidt a commencé par évoquer notre « convention » et analyser la situation. Puis, comme s'il lisait dans une boule de cristal, il a annoncé : « Quand vous allez l'attaquer, Martinez prétendra que les comptes sont envoyés à Chico, le gérant de la société. Mais s'il manque des millions, c'est parce qu'il vous les vole. » Il m'a désigné du doigt, et tous les regards se sont tournés vers moi. « Vous devez rester soudés. » On est sortis plus déterminés que jamais. Martinez, la cavalerie arrive !

Nous devions passer à l'action. L'avocat m'avait convaincu de poursuivre Martinez en justice. Pour réunir des preuves, j'ai amassé tous les documents qu'il nous avait envoyés, souvent des bouts de chiffres dans des courriers sans en-tête ni signature. Cela donnait un aperçu de l'ampleur des dégâts.

Sans qu'on le sache, il signait des accords à tout-va dans une kyrielle de pays différents, mais je n'avais pas souvenir d'avoir perçu la moindre avance. Des contrats de sous-édition en Grèce, en Allemagne, dans les pays nordiques, mais aussi au Japon, en Australie, en Nouvelle-Zélande. Et des contrats de licence en Espagne, en Italie, au Portugal, au Royaume-Uni, au Canada, en Turquie, en Israël, aux Pays Bas… Un vrai tour du monde !

Le pompon ? Les pubs. Notre hit « Bamboleo » s'était retrouvé en vedette dans une pub pour les voitures Seat, puis dans une autre pour les chaussures Arbell, tandis que « Quiero Saber » apparaissait dans le film espagnol *Boum-Boum*. Et, bien sûr, le spot Coca-Cola avec George Michael cartonnait. Pas un seul centime n'avait atterri dans nos poches. Pareil pour les captations de nos concerts, les clips vidéo et les produits dérivés.

L'assignation rédigée par l'avocat était accablante. Elle réclamait à Martinez tout ce qui nous revenait : les contrats, les états financiers et même des dommages-intérêts.

Il n'a pas tardé à me convoquer dans son bureau du XVIe arrondissement de Paris. Dès que je me suis assis, il m'a lancé : « Qu'est-ce que tu cherches, au juste ? » Sans hésitation, j'ai répliqué : « Les comptes et les décomptes. » Il a rétorqué : « Mais on s'arrangera entre nous, Chico. » D'abord pris au dépourvu, je me suis ressaisi : « Je veux les comptes. »

Je me sentais d'autant plus fort que la maison de disques Sony était prête à traiter directement avec nous, sans passer par notre cher producteur. Et le tourneur Gilbert Coullier me tendait les bras, impatient de faire travailler un groupe français au succès international. Les Gipsy Kings allaient enfin être entourés de vrais professionnels. Mais rien ne s'est passé comme prévu.

Pour le festival Mosaïque gitane, j'aimais diversifier les genres musicaux. Du flamenco à la salsa, j'invitais des légendes, comme Willie Colón, qui avait enregistré une reprise de « Bamboleo » aux côtés des Fania All-Stars, ainsi que des représentants du raï. Ces expériences enrichissaient le répertoire des Gipsy Kings. Dans cet esprit, j'avais convié le chanteur algérien Khaled à participer à notre nouvel album, *Este Mundo*, en cours de préparation.

Après une répétition des plus animée en Camargue, où Diego Reyes décochait des piques à Khaled, j'ai découvert que le groupe complotait dans mon dos pour m'interdire l'accès du studio parisien. J'ai pris les devants en amenant un huissier. Chez les gitans, la musique n'adoucit pas les mœurs, elle attise les querelles.

Quand on est arrivés, personne. J'ai attendu : est arrivé Martinez, suivi de Mattei et du reste du groupe avec leurs épouses. Dès qu'ils m'ont vu, ils se sont cachés derrière le producteur. « Y a un souci ? » ai-je lâché dans un silence pesant. Diego s'est avancé courageusement : « Le problème est dans les comptes. » Sur le coup, je n'ai pas compris, mais j'ai vite capté le sourire en coin de Martinez. « Alors, t'as acheté un hôtel à Avignon avec notre pognon et t'as pris une licence de taxi au Maroc ? » a enchaîné Diego. J'ai tenté d'expliquer que j'avais une part dans un restaurant de cet hôtel et que mon père s'était vu offrir une licence de taxi par le roi Hassan II à la mort d'Ahmed. Mais *nada*, ça ne passait pas. Mattei a enfoncé le clou, me parlant comme si j'étais le dernier des minables, et il m'a jeté dehors.

Jamais je n'avais été autant humilié. Avant de partir, je lui ai collé un coup de poing. On nous a séparés. « Allez stop ! On est là pour travailler ! » a crié André, prononçant pour la première fois le mot « travailler ». J'ai quitté le studio, laissant les gitans à leur dur labeur. Voilà comment, en février 1991, j'ai été gentiment invité à quitter mon groupe.

Le trio infernal m'avait collé une pancarte « Voleur » sur le front, et les autres ont gobé cette idée sans sourciller, alors que j'adorais José et Clémentine, que j'étais uni à Marthe, que j'avais trimé pour les gitans pendant dix-huit ans et bataillé ferme pour décrocher des contrats, enregistrer des albums et faire grimper notre part à 30 %. Moi, Chico, un escroc ?

Les finances de la boîte étaient pourtant transparentes, contrairement à celles que je recevais du producteur. Les membres du groupe et moi, on a pris rendez-vous chez Tonino, à Montpellier. J'y suis allé, avec la commissaire aux comptes et Maître Schmidt, qui était très grippé. On s'est installés autour d'une table. Dès que la comptable ouvrait la bouche, Mattei, perché derrière André comme un corbeau sur un arbre, lui soufflait des conseils avisés : « Ne l'écoute pas », « C'est n'importe quoi », « Bien sûr, ils vont vous sortir deux ou trois papiers. »

Les gitans réclamaient les vrais comptes, pas ceux qu'ils imaginaient que j'avais trafiqués. « Vous vous fourvoyez », dit Schmidt entre deux quintes de toux. « En agissant de la sorte, vous risquez de finir comme le dindon de la farce. » Puis, on s'est levés et on est partis. À l'aéroport, l'avocat, l'air désolé, a lâché : « Ce n'est pas les comptes de la société qu'ils veulent, c'est votre compte à vous. »

11

Six Gipsy Kings, mais un seul Chico

J'étais convaincu que, comme après chaque dispute, on allait se réconcilier. Mais pas cette fois. Les gitans étaient sous emprise. Tout ce que j'avais fait pour le groupe s'est retourné contre moi, façon boomerang. Le nom des Gipsy Kings ? Tout droit sorti de l'imagination des Reyes, comme si je n'avais rien à voir avec ce choix. Ma nomination en tant que gérant de la société ? Une astuce pour leur vider les poches. J'avais insisté pour que Tornare soit associé à Martinez ? C'était juste pour qu'il cache pour moi de l'argent en Suisse, sans que personne s'en rende compte. Je suis devenu le porte-parole du groupe ? Pour éclipser Nicolas et Tonino, bien sûr.

Parmi les ragots les plus fous, il y avait celui selon lequel j'avais acheté un hôtel à Avignon, et touché une fortune pour diriger Mosaïque gitane, alors qu'en réalité, je n'étais pas rémunéré pour ce travail. Et cette histoire rocambolesque de palais que je m'étais prétendument offert en guise de maison ? C'était simplement une propriété avec un terrain, similaire à celle de Nicolas. Avec l'exagération, on aurait pu croire que je vivais dans une tour de cristal.

Les cigales gitanes se vengeaient de la fourmi. Pendant qu'elles dilapidaient leur argent au casino et en voitures de luxe, j'avais préféré investir dans la pierre. Elles se retrouvaient sur la paille, et je gardais la tête hors de l'eau. Et lorsqu'en tant que gérant, j'avais administré les recettes, je les avais partagées équitablement entre les musiciens accompagnateurs, tout en gratifiant un peu plus Nicolas, Tonino et moi-même pour notre rôle dans le groupe.

C'est alors que les épouses sont entrées en scène. Plutôt que d'apaiser les ardeurs de leurs maris, mes adorables belles-sœurs ont préféré prendre le parti de la surenchère contre moi. Et le reste de la famille s'est précipité tête la première dans ce chaos. Les oncles Reyes n'ont pu s'empêcher d'ajouter leur grain de sel. Ils ne comprenaient pas pourquoi leurs neveux ne se contentaient pas de jouer en famille et ne rappelaient pas Patchai et Poulette. Tous organisaient des réunions chez les uns ou chez les autres pour décider de l'avenir des Gipsy Kings, et du mien en particulier.

La surprise du siècle est venue de Mattei. Non seulement il a réussi à rendre les Reyes et les Baliardo paranos, mais il a saisi l'occasion pour se hisser au poste de manager du groupe. Pour l'album *Este Mundo*, que j'avais préparé mais auquel je n'ai pas pu participer,

Sony avait versé une avance astronomique. Comme les Reyes et les Baliardo se querellaient sans cesse, il les a convaincus de le nommer gérant. Mattei avait grimpé en flèche dans la hiérarchie après la disparition soudaine de Tornare : poursuivi pour avoir détourné une dizaine de millions de francs suisses appartenant à ses clients, notre notaire préféré était en cavale en Floride et aux Bahamas…

La séparation, inévitable ? Pas sûr. On était restés unis de 1973 à 1991. Les Reyes et moi, on se connaissait depuis l'adolescence. Puis Nicolas, Tonino et moi, nous avons été le cœur battant des Gipsy Kings quand je n'avais pas les moyens d'engager plus de musiciens. Nos enfants avaient grandi ensemble. Chaque année, en mai, on se retrouvait aux Saintes-Maries, et l'été, on allait à Moorea. On aurait pu continuer longtemps, même si, malgré leur talent musical, les gitans méprisent les *gadjos*, tout en prêchant l'Évangile de la tolérance.

N'est-il pas ironique que mes beaux-frères se soient mariés avec des non-gitanes qui se sont révélées d'une férocité inouïe à l'égard de ma famille ? Et que ce soient d'autres « payots » qui aient cassé la machine, profitant de leurs failles et se faisant passer pour leurs amis ? Mon erreur a été de ne pas devenir coproducteur à égalité avec Martinez dès le début. Comme je manquais d'expérience, cette idée ne m'avait jamais effleuré l'esprit.

Je me suis retrouvé seul. Tout le monde a ouvert son parapluie, à commencer par le maire de Nîmes, Jean Bousquet, qui a mis fin à Mosaïque gitane. Jack Lang s'est volatilisé. Une accusation mensongère suffisait à me coller l'étiquette de coupable.

Et ça m'est revenu en pleine figure : les dernières paroles de José, prononcées sur son lit de mort, qui recommandaient à sa famille de ne jamais me lâcher, et les sages avertissements de mon père.

Ce dernier est mort deux mois après la séparation. La dernière image qu'il a de moi est celle d'un fils accusé par sa belle-famille de l'avoir dépouillée. Il savait que je n'en étais pas capable. Il avait tardé à se soigner, préférant faire un ultime pèlerinage à Oujda, où il se rendait chaque jour sur la tombe d'Ahmed. À son retour, le cancer l'avait emporté.

Il était un homme de peu de mots, vivant dans son propre monde, en retrait de tout sauf de sa foi en Dieu, mais il était assez lucide sur la nature humaine pour me mettre en garde, et je n'ai pas su l'écouter.

Mon plus beau souvenir avec lui reste notre voyage à Rabat. C'est là que j'ai commencé à le comprendre, à voir en lui bien plus qu'un simple père qui travaillait d'arrache-pied pour nous nourrir. Il repose à Hennaya, le village où ma mère a vu le jour. Sa mort m'a encore rapproché d'elle.

Maintenant que j'étais vulnérable, l'acharnement pouvait commencer. D'abord les soupçons planant au-dessus de moi, similaires à ceux qui avaient pesé sur Ahmed, que certains continuaient à dépeindre comme un espion à la solde de Septembre noir. Puis, la calomnie sournoise répandue par les gitans, et leurs déclarations dans les médias, attisant encore les flammes. Ces mélodies m'accompagnaient désormais dans les moindres recoins de ma vie.

À cela s'est ajouté le zèle administratif. Sitôt écarté du groupe, j'ai fait nommer un administrateur judiciaire pour gérer la société. J'ai immédiatement été bombardé par quatre contrôles fiscaux d'un coup : pour la société de fait qui existait avant la SARL, pour la SARL elle-même, pour JAL Productions, que j'avais montée en vue de produire des groupes, et pour moi-même. Quand le contrôleur est arrivé, je lui ai demandé naïvement pourquoi cette vérification alors que je n'étais plus gérant de la société. « Vous étiez la tête. On commence toujours par la tête », m'a-t-il rétorqué d'un ton sec.

Un contrôle fiscal est censé durer trois ans. Au bout de deux ans seulement, les investigations étaient terminées : rien à se mettre sous la dent. Officiellement, j'étais blanchi. Les gitans auraient dû enfin se rendre compte qu'on leur avait servi de gros bobards. Ils ont préféré prétendre que j'étais de mèche avec le directeur des impôts.

Le plus éprouvant a été la persécution judiciaire dont j'ai fait l'objet. Depuis 1991, j'ai dû passer autant de temps devant les tribunaux que sur scène. J'ai été noyé sous une avalanche de procédures, de procès interminables, et j'ai encaissé des condamnations d'une rare sévérité. Tout ça parce que j'avais réclamé des comptes pour protéger les Gipsy Kings. Mon intégrité, je l'ai payée au prix fort.

Quitter le groupe ne signifiait pas disparaître, car j'avais une vie familiale avec les Reyes. C'est peut-être difficile à croire, mais on continuait de se retrouver chez Clémentine pour déjeuner. Comme toujours, elle nous régalait de bons petits plats. Et nous, on faisait semblant que tout était comme avant pour ne pas la blesser. Il n'y a jamais eu la moindre dispute entre nous. Parfois, j'aurais bien aimé que ce soit le cas, pour avoir l'occasion de m'expliquer.

Cette triste saga a vraiment affecté Clémentine. À maintes reprises, elle a tenté de raisonner ses fils, mais aucun ne semblait prêt à l'écouter. Les mois s'écoulaient et, pour eux, il était plus simple de maintenir leur position plutôt que de risquer de perdre la face.

Quant à moi, j'en parlais peu à Marthe. Je ne voulais pas lui imposer ce fardeau supplémentaire. Elle devait déjà faire face au poids d'être mariée à un homme accusé de tous les maux. Notre couple a implosé quand elle a découvert ma liaison avec une productrice de cinéma. Arles ressemblait à une zone de guerre.

Pour la première fois, j'étais écœuré jusqu'au plus profond de mon être. Mais, dans ma famille, on n'abandonne pas. Mon père travaillait sur les chantiers le jour, s'attelait aux jardins le soir, et en redemandait.

Je refusais de me laisser submerger par la noirceur ambiante. Même après la mort d'Ahmed, avec cette plaie béante en moi, je savais qu'il fallait avancer. Je me suis alors jeté corps et âme dans la production d'un nouveau groupe : Alma de Noche.

Les deux frères Fernandez étaient pleins de talent, notamment Éric, un guitariste remarquable. Les ayant déjà programmés à Mosaïque gitane, je savais qu'ils avaient un potentiel indéniable. C'étaient des gitans de Martigues, dont le son raffiné se distinguait de la rumba des Gipsy Kings. Je les avais pris sous mon aile, les faisant jouer ici et là, même à La Cigale, un restaurant situé au sous-sol d'un hôtel d'Avignon, monté par deux de mes amis d'enfance, avec qui je me suis brouillé par la suite.

Avec Alma de Noche, j'ai mis à profit mon expérience. J'ai produit leur premier disque, *Mama*, supervisant chaque détail de A à Z, du choix des chansons aux arrangements, que j'ai confiés à Gérard Prévost, jusqu'à la pochette signée du photographe Gilles Larrain ; mon ami, le publicitaire Prosper Assouline, me l'avait vivement recommandé. Larrain avait déjà conçu des couvertures d'album pour des pointures telles que Miles Davis et Sting.

Quand on parle de guitare, on pense aux gitans. J'ai rappelé Patchai, parti vendre des chaussettes au début des années 1980. Depuis, il survivait tant bien que mal.

Pour apporter une autre dimension au groupe, j'ai invité la chanteuse guinéenne Djanka Diabate, que j'avais déjà programmée à mon festival. Avec sa voix magnifique, elle était la choriste de son cousin, Mory Kanté, dans le hit international « Yéké Yéké ». Tout le monde me pressait de rejoindre le groupe, mais j'ai décliné, même si je savais que, pour Philips, j'aurais été un atout de taille. Le disque a quand même été une réussite.

Pour son lancement, j'avais réalisé un coup de maître : décrocher la première partie de la tournée estivale de 1991 de Johnny Hallyday. Philips m'avait mis en relation avec son manager, Jean-Claude Camus. Certes, le rockeur était un peu dans le creux de la vague et son Cadillac Tour ne ressemblait en rien à un road-trip sur la Route 66, mais quelle aventure ! On a sillonné la France avec notre Johnny national. D'Alès à Tarare, de Châteauroux à Argelès-sur-Mer, de Pradelles à Millau, de La Roque-d'Anthéron à Goussainville, et aussi Samoëns, Sarlat-la-Canéda, Fréjus, Joigny, Poitiers, Royan, La Rochelle et Lourdes, Colmar, Arles.

Johnny, je l'avais croisé sur les plateaux télé, mais on n'avait pas passé de temps ensemble depuis la fois où on avait dormi sous le même toit chez Nicole Laudon, à Saint-Tropez, dans les années 1970. Le soir, dans les coulisses, il regardait les frères Fernandez et me disait qu'il trouvait magnifique de pouvoir jouer en famille. Lui n'avait pas cette chance. Au mieux, il avait de bons copains. Mais jouer avec ses frères ne vient pas sans son lot de complications…

Assurer sa première partie était une cause perdue d'avance. Le public venait pour lui, et Alma de Noche passait presque inaperçu. Malgré tout, Jean-Claude Camus voulait nous reprendre. Un soir, alors que nous dînions au restaurant, il m'a lancé : « Il faudrait qu'on signe un petit contrat. » Il a sorti un stylo de sa poche, a griffonné quelques mots sur une nappe en papier dont il a arraché un morceau, puis me l'a tendu en disant : « Si tu es d'accord sur les grandes lignes, on peaufinera plus tard. » J'avais de trop mauvais souvenirs du passé. J'ai refusé, et il ne nous a pas repris.

Mes ennuis n'étaient pas terminés. Un jour, Philips m'a convoqué pour me remettre une lettre envoyée par le groupe, annonçant que je n'étais plus leur manager. J'ai soupçonné Martinez d'en être l'instigateur.

Pour être honnête, ne plus jouer ne me manquait pas. Mais, chaque jour, quand je croisais des passants à la boulangerie, à l'aéroport ou au péage, ils me demandaient : « Pourquoi vous avez arrêté ? C'était vous qu'on aimait. » Grâce à ces mots sympas, j'ai compris quelle affection je suscitais ; c'est ce qui m'a poussé à monter de nouveau sur scène.

J'ai eu une idée : former mon propre groupe sur le modèle des Gipsy Kings, avec des guitaristes flamencos et une section rythmique. Pour le nom, j'étais indécis. Dans le doute, j'ai consulté un avocat spécialiste du droit d'auteur à Arles : « Vous pouvez reprendre le nom Gipsy Kings, à condition d'y ajouter un signe distinctif, par exemple "Les Gipsy Kings de Chico", m'a-t-il expliqué. C'est la jurisprudence Guaranis, du 4 juin 1961. »

Les Guaranis étaient un groupe de quatre musiciens venus tout droit d'Argentine en 1951 avec les Ballets de l'Amérique latine. Ils ont sorti des disques sous le nom « Les 4 Guaranis » jusqu'à ce que trois membres quittent le groupe, laissant Francisco Marin en solo. Pour éviter les malentendus, le producteur Eddie Barclay a alors rebaptisé le groupe « Les Guaranis de Francisco Marin ».

Un détail à ne pas prendre à la légère. Un procès se profilait, concernant la propriété du nom du groupe. Qui était à l'origine des Gipsy Kings ? À qui appartenait ce nom ? Et que se passerait-il si l'un des membres fondateurs était expulsé ou décidait de faire ses valises ? Devaient-ils continuer sous ce même nom ?

Selon cette jurisprudence, les Gipsy Kings n'existaient plus sans leur fondateur. D'ailleurs, que serait Eurythmics sans Annie Lennox ? Wham, sans George Michael ? Dire Straits, sans Mark Knopfler ? Et les Beatles, sans John Lennon ?

Non seulement j'avais posé les fondations du groupe, mais j'avais trouvé son nom, rapproché les Reyes des Baliardo, démarché Sara Music et PEM, protégé le nom à l'Inpi pour éviter qu'il ne tombe entre de mauvaises mains. Je me suis lancé à la recherche d'éléments tangibles pour le prouver. Tous ceux que j'avais croisés depuis mes débuts ont accepté de témoigner en ma faveur, que ce soit Robert Rameau ou Jacqueline Tarta, voire Brigitte Bardot et Clémentine elle-même.

Suivant l'exemple des Guaranis, j'ai choisi le nom « Chico'Gipsy Kings ». Cette fois, je voulais donner leur chance à de petits jeunes. Et j'avais compris la leçon : finies les fratries en musique ! Comme chanteur principal, j'ai pris Antoine « Kiko » Motos, un gitan de Montpellier. Ensuite, j'ai engagé Manolo Gimenez comme choriste, Patrick Maille comme soliste, accompagné de son cousin Manero. Ils étaient de parfaits inconnus à Montpellier, j'allais les former et les propulser sous les projecteurs.

Pour la section rythmique, je me suis tourné vers Paris, un vivier de musiciens, où, en cas de remplacement de dernière minute, on trouvait toujours quelqu'un de qualité. De plus, j'avais des techniciens son et lumière prêts. Bref, j'étais opérationnel.

Pour m'aider à organiser les tournées, j'ai renoué contact avec Bernard Biglione, que je connaissais depuis les années 1980. Il était responsable du management de Manitas, mais celui-ci, très jaloux, ne supportait pas qu'il s'occupe de nous. Détrôné par les Gipsy Kings et prenant de la bouteille, Manitas avait ralenti le rythme, même s'il continuait de se produire.

Je pouvais également compter sur mon ami Ruedi Ledermann. Bien que nous nous soyons peu vus depuis 1987, notre complicité était restée intacte. Son épouse, Nina Corti, avait également percé en se produisant dans les salles les plus prestigieuses du monde. Lorsque je l'ai appelé, Ruedi a immédiatement répondu présent.

Quand la nouvelle de la formation de mon groupe est parvenue aux oreilles des Reyes et des Baliardo, ils ont éclaté de rire. Les Gipsy étaient au sommet de leur gloire, mais, fatigués des tournées, ils ont décidé de faire une pause, pensant que je serais incapable de rebondir.

Ç'a été ma chance. En associant « Chico » et « Gipsy Kings », j'ai pu décrocher une date, puis deux, puis cinq, et une tournée. D'abord au festival de Cornouaille à Quimper, en juillet 1992, puis en Grèce, à Athènes, Thessalonique, Mykonos, avant de partir en Suisse, à Bahreïn, puis Barcelone, Port-Saïd. C'était reparti comme en 14 ! Six mois plus tard, Chico'Gipsy Kings faisait son entrée sur la scène américaine, du nord au sud. À Arles, personne ne riait. Alors Martinez a mobilisé ses troupes, pas seulement les Reyes et les Baliardo.

Il a commencé par porter plainte pour usurpation de la marque Gipsy Kings. Ensuite, lors de mes déplacements à l'étranger, il prenait un malin plaisir à envoyer des huissiers à mes trousses, me forçant à engager des avocats dans ces pays, ce qui me coûtait une fortune. Avant même que je n'arrive sur place, les organisateurs recevaient des kilomètres de fax de sa part et de celle du service juridique de Sony, les menaçant de les priver des Gipsy Kings et de tout artiste du label si mon concert était maintenu. Face à un tel chantage, il était difficile de ne pas fléchir.

La première fois, c'était à Miami. On finissait la balance lorsque le shérif est arrivé avec une patrouille. Le chapeau sur la tête, des lunettes de soleil accrochées à la poche de leur chemise, le flingue à la ceinture, comme dans la série *Chips*. Les gitans étaient terrifiés.

Déjà que leur faire prendre l'avion relevait du miracle, les voilà qui priaient sainte Sara pour qu'on ne les jette pas en prison. J'ai expliqué la situation aux policiers, très calmement. Après avoir jeté un coup d'œil à la salle bondée, ils ont préféré laisser tomber. « Vous réglerez ça en France ! »

En Amérique du Sud, même scénario. Cette fois, les promoteurs ont pris peur. Les dates étaient annulées les unes après les autres. J'ai demandé à Biglione de m'envoyer d'urgence Manitas. Qui oserait refuser une légende vivante ? Personne. Gros carton à Buenos Aires, à Caracas, puis au Costa Rica, au Venezuela, et à Ténérife, en Espagne, sur le chemin du retour.

Le 5 novembre 1993, le tribunal de grande instance de Tarascon a prononcé son jugement : on m'a interdit d'utiliser le nom « Gipsy Kings ». Dans leurs plaidoiries, les avocats des Reyes et des Baliardo ont martelé mes origines maghrébines, comme si un fils d'immigré marocain ne pouvait être le cerveau de ce groupe. Le juge a cru leurs arguments et m'a infligé une amende de 500 000 francs pour les Gipsy Kings et autant pour Martinez, assortie d'une astreinte similaire pour chaque concert où le nom « Gipsy Kings » apparaîtrait. Convertie en euros, cette sanction de 126 000 euros paraît presque modeste de nos jours. À l'époque, c'était un record.

Autre record lorsque j'ai dû payer pour trente concerts, entraînant une amende colossale de 14 millions de francs ! Environ 3,4 millions d'euros. J'ai interjeté appel de cette décision, bien résolu à ne pas me laisser écraser par le rouleau compresseur de l'injustice.

Malgré toutes ces épreuves qui s'abattaient sur moi, je m'accrochais à l'idée de continuer à avancer, même si chaque coup m'affectait. Et voilà que la vie venait de me ravir mon meilleur ami Moussa, avec qui j'étais parti à Londres. Sa voiture avait glissé dans un canal à Arles un jour de pluie, l'emportant avec son fils. Cette perte déchirante venait s'ajouter aux responsabilités lourdes que j'avais : mes propres enfants en bas âge et ma mère souffrante à prendre en charge. Cette situation me donnait la détermination nécessaire pour ne pas baisser les bras.

L'arrivée de Sonia en 1994, mon quatrième enfant, après ma réconciliation avec Marthe, aurait dû être un rayon de lumière dans notre famille. Même cette naissance n'a pu briser l'indifférence des Reyes.

Le 16 février 1995, le marteau de la justice s'est abattu une fois de plus sur ma tête, lorsque la cour d'appel d'Aix-en-Provence a confirmé le jugement. Sans hésiter, j'ai déposé un recours en cassation, mais je devais quand même payer l'amende exorbitante pendant cette procédure.

Face au juge de l'exécution, j'ai expliqué que j'avais des contrats sous une nouvelle dénomination, « Chico & the Gypsies », et que les concerts avaient été annoncés Gipsy Kings à mon insu. Mes arguments ont réussi à le convaincre, mais j'ai dû débourser plus d'un million de francs d'amende, une somme que je ne gardais malheureusement pas sous mon matelas.

J'ai vendu un appartement à Arles, que j'avais acquis après ma séparation d'avec les Gipsy Kings. Même si je n'avais pas grand-chose, j'avais la confiance des banquiers. J'ai également puisé dans mes réserves, constituées grâce aux droits d'auteur que j'avais perçus de la Sacem.

Il me manquait encore plus de la moitié de la somme requise. J'allais vendre ma maison. De toute façon, Martinez et les Gipsy Kings m'envoyaient des huissiers tous les jours. Ils avaient même mis en gage la voiture de Marthe. Quand j'ai annoncé à Ruedi que je repartais vivre en caravane, il a hypothéqué sa maison, sans m'en informer. Et j'ai pu payer cette condamnation.

Ruedi valait mille beaux-frères ! André Reyes disait à qui voulait l'entendre qu'ils me laisseraient en slip et que je finirais éboueur à Arles. Ce n'était pas très gentil pour les éboueurs. Mais j'avais un point commun avec eux : je bosse dur et je me réveille aux aurores. Comme le dit l'adage, l'avenir appartient à ceux qui se lèvent tôt.

12

Messager de la paix

Le matin du 13 septembre 1994, un simple coup de téléphone chamboule ma vie. À peine revenu de Baden, en Allemagne, et de Sion, en Suisse, pour des concerts, j'étais au studio Harry Son, en région parisienne, pour enregistrer *Tengo Tengo*, mon premier album avec Chico & the Gypsies. Soudain, un appel surprise : « Bonjour, c'est l'Unesco. Êtes-vous disponible ce soir ? » Sans trop réfléchir, je lance : « Bien sûr, où ça ? » Réponse : « En Norvège, pour fêter le premier anniversaire des accords d'Oslo. »

Les Gipsy Kings, programmés initialement, ne s'étaient pas réveillés et avaient annulé leur participation, une démarche qui leur ressemblait tout à fait. Sans connaître les détails de notre séparation, Alice de Jenlis, la directrice de la communication de l'Unesco que j'avais rencontrée à Saint-Tropez, avait conseillé de m'appeler à la rescousse. Malgré les délais serrés, j'ai demandé une heure pour réunir mon équipe de musiciens et de techniciens. Une heure plus tard, je la rappelais, et on s'envolait vers la Norvège.

Je n'y étais pas retourné depuis mon séjour chez Toril, vingt ans auparavant. En plein vol, j'ai compris l'importance de l'événement : les accords d'Oslo et cette poignée de main historique entre Yitzhak Rabin et Yasser Arafat, censés esquisser la naissance d'un État palestinien indépendant. Et ça m'a frappé : ce soir-là, je jouerais devant le ministre des Affaires étrangères israélien, Shimon Peres, et le chef du Fatah palestinien, Yasser Arafat, les représentants des deux pays qui avaient causé la mort de mon frère. Bobby était à mes côtés. Personne d'autre ne connaissait notre histoire, pas même mes musiciens. C'était notre secret.

Arrivés à Oslo, direction le stade national pour la balance. Les gardes, en nous voyant avec nos étuis à guitare, nous ont laissés passer sans vérifier nos papiers. Un nom comme le mien aurait dû déclencher les alarmes, mais tout s'est déroulé sans le moindre problème.

L'Unesco avait sorti le grand jeu. À l'affiche, des artistes de haut vol, tels que le chanteur afro-américain Harry Belafonte, la cantatrice espagnole Montserrat Caballé, le chef d'orchestre indien Zubin Mehta, et même une chorale d'enfants israéliens, palestiniens et norvégiens. Quand notre tour est arrivé, la maîtresse de cérémonie a annoncé que les Gipsy Kings étaient aux abonnés absents, mais qu'ils seraient remplacés par le fondateur du groupe, Chico, accompagné de ses Gypsies.

On a commencé avec « Bamboleo » devant un stade bondé et face à un parterre de célébrités. Se retrouver là était surréaliste. Je venais apporter de la joie dans le pays où, autrefois, je n'avais connu que tristesse et peine. Le public chantait, dansait, en redemandait. Ahmed veillait sur nous ce soir-là, je le savais.

À la fin, Arafat et Peres sont montés sur scène et m'ont serré la main, sans savoir qui j'étais vraiment. En cherchant Bobby du regard, j'ai vu que les services de sécurité le retenaient dans les coulisses. Un signe de ma part, et le voilà qui se faufilait jusqu'à nous pour immortaliser ce moment en prenant une photo.

De retour à Arles, Bobby me l'a montrée. Plus je la regardais, plus j'y voyais une image de réconciliation. Je me suis rendu compte que le pardon était la seule issue pour apaiser cette douleur lancinante que je portais depuis trop longtemps. Pardonner n'est pas une tâche aisée quand on a vraiment souffert. Mais c'est la seule façon de se libérer de la colère et d'aller de l'avant. Ça m'a apaisé. Peut-être même est-ce grâce à ce concert et à cette photo que j'ai enfin pu faire le deuil de la perte de mon frère.

Un an plus tard, j'ai découvert que l'Unesco avait proclamé 1995 comme l'année de la tolérance et instauré une journée internationale dédiée à cette cause le 16 novembre. L'idée a germé : et si, lors de la prochaine édition de Mosaïque gitane, désormais à Arles, on organisait une Nuit de la paix ? Pourquoi pas le 14 juillet, date hautement symbolique ? J'ai contacté l'Unesco pour lui proposer de soutenir cet événement. Non seulement la dircom, Alice de Jenlis, était d'accord, mais elle envisageait d'y assister.

Alors que le deuxième tour des élections municipales, dans la région Provence-Alpes-Côte d'Azur, confirmait la poussée du Front national, qui s'emparait de villes comme Toulon, Marignane et Orange, notre festival remplissait le théâtre antique d'Arles, du 12 au 15 juillet. Cette Nuit de la paix, sous l'égide de l'Unesco, réunissait des artistes tels que la chanteuse israélienne Ishtar et l'ensemble palestinien A'arass, en plus de groupes tziganes et d'influence gitane.

Le lendemain, j'organisai un déjeuner avec la délégation de l'Unesco et je partageai mon histoire avec Alice de Jenlis, qui ne connaissait de moi que mon image de musicien. À Paris, elle a montré la photo à Federico Mayor, directeur général de l'Unesco, et lui a raconté mon histoire en détail. Quand il a appris que, par un tour du destin, un Maghrébin avait créé les Gipsy Kings, puis que son frère avait été assassiné par le Mossad et que sa musique servait un message de paix entre les peuples israélien et palestinien à Oslo, il a été touché en plein cœur. Le fait que la grande histoire m'ait rattrapé ainsi le fascinait. Sans plus attendre, il a proposé à ses collègues de me nommer envoyé spécial pour la paix. Présent à ce moment, le commandant Cousteau s'est exclamé : « S'il accepte, je le parraine ! » Je suis donc devenu l'envoyé spécial pour la paix, avec pour mentor l'un des héros de mon enfance.

La cérémonie s'est tenue le 9 mai 1996 au siège de l'Unesco à Paris, en présence de Mayor et de Cousteau. Tony Gatlif me suivait alors avec une caméra car il envisageait de réaliser un film sur moi. Son projet n'a jamais abouti, mais il a tout de même capturé de belles images.

Cet été-là, j'ai concocté une deuxième édition de la Nuit de la paix à Mosaïque gitane. La photo de Bobby, sur laquelle je suis en compagnie d'Arafat et de Peres, faisait l'affiche. Côté artistes, Ishtar et A'arass ont fait leur retour, accompagnés du trompettiste serbe romani Fejat Sejdić et du clarinettiste grec tzigane Vassilis Saleas. Nina Corti et Manitas étaient aussi de la partie.

Depuis ma nomination à l'Unesco, je partage ouvertement mon histoire. Pour moi, le pardon n'est pas une posture. Je ne cherche pas la vengeance. Cette approche m'a beaucoup aidé, même s'il m'a toujours été impossible de l'évoquer avec ma mère et ma famille. Malgré les années qui passent, le traumatisme est toujours là.

À l'Unesco, je me suis retrouvé dans le noyau dur des artistes envoyés spéciaux, aux côtés de Yehudi Menuhin, le violoniste anglais, Mstislav Rostropovitch, le violoncelliste russe, et de Charles Aznavour. On était parmi les plus sollicités. En règle générale, on donnait deux ou trois concerts par an lors de galas ou de soirées caritatives.

Juste avant la cérémonie, j'ai eu un avant-goût de ce qui m'attendait dans ces nouvelles fonctions. Une danseuse que je connaissais m'avait dégoté des concerts en Serbie. C'était fin décembre 1995, à peine une semaine après la signature des accords de Dayton mettant fin à trois ans et demi de guerre sanglante en Bosnie-Herzégovine. L'ambiance était spéciale, surtout à Požarevac, tristement célèbre pour être la ville natale de Slobodan Milošević. Le président de la république de Serbie avait fini inculpé par le Tribunal pénal international pour l'ex-Yougoslavie pour crimes de guerre, crimes contre l'humanité et génocide.

Même après les accords de paix, la tension était palpable. On séjournait dans le même hôtel que l'armée. En arrivant dans le gymnase où nous devions jouer, on a repéré une boutique d'armes, ce qui nous a un peu refroidis. Pendant le spectacle, une énorme détonation a retenti. Manolo, le chanteur, s'est figé, pensant qu'il était touché, puis il m'a regardé avec panique. En fin de compte, c'était juste un pétard, mais on a eu une sacrée frousse.

Mes voyages m'ont souvent ramené à ma propre histoire. Lors de ma première mission officielle en octobre 1996, je me suis rendu dans les territoires palestiniens, à Ramallah. On a atterri à Tel-Aviv et pris la route en voiture, passant je ne sais combien de checkpoints sur les 45 kilomètres nous séparant de notre destination. Les gitans, les nerfs à vif, priaient sainte Sara, répétant : « Partout où il y a la guerre, il faut que Chico nous y amène ! »

À Ramallah, on participait à un festival de musique, dont la partie technique, étonnamment, était prise en charge par Israël. Visiter ces deux pays était essentiel pour moi. Jusque-là, je ne connaissais pas grand-chose à leur sujet. Après l'assassinat d'Ahmed, j'avais eu des informations sur ce qui s'était passé, mais je n'étais jamais allé plus loin. Trop douloureux. Et j'étais pris dans mes activités avec Los Reyes. Alors, j'ai été surpris de voir que Palestiniens et Israéliens réagissaient de la même manière à ma musique. Cela m'a donné de l'espoir.

Un événement des plus inattendu s'est produit en même temps que ma nomination. Le Mossad a contacté Toril. Pour la première fois, il a accepté d'indemniser une victime. Dans le cadre d'un accord confidentiel, le service de renseignement israélien lui a versé 750 000 NOK (environ 65 500 euros), une somme dérisoire pour la perte d'une vie, mais qui l'a aidée un peu. Toril n'a jamais réussi à reprendre le travail après la mort d'Ahmed, alors cette somme a contribué à soulager sa situation, en plus de financer les études de Malika.

Certaines personnes de notre entourage se demandaient pourquoi on n'exigeait pas une compensation financière. Demander une « compensation » pour un crime irréparable ? Ma mère considérait cela comme une insulte. « Et ça ne ramènerait pas mon fils », répétait-elle.

Officiellement, le Mossad n'a jamais admis sa responsabilité. C'était tout ce que ma famille demandait. Mais je ne perds pas espoir. Je suis convaincu qu'un jour ou l'autre, des excuses publiques seront formulées.

J'ai beaucoup d'admiration pour un homme qui a toujours plaidé en faveur d'une approche non violente :

le Dalaï-Lama. En octobre 1996, de retour d'une tournée au Japon, je me suis rendu au Swissotel de Neuss, près de Düsseldorf, pour participer au gala annuel « Enfants en détresse », organisé par l'activiste et ambassadrice de bonne volonté de l'Unesco, Ute-Henriette Ohoven, gala auquel le chef spirituel bouddhiste était également invité.

C'était tellement invraisemblable pour moi d'être là que j'ai eu envie d'aller le saluer avant l'événement. Bernard Biglione et moi, on a tenté de monter dans sa suite, mais deux gardes du corps nous ont arrêtés devant sa porte. « Vous allez où comme ça ? » ont-ils demandé. J'ai répondu naïvement : « On vient voir le Dalaï-Lama. » Le garde du corps, un peu surpris, a insisté : « Vous avez une autorisation ? » J'ai alors tenté : « Non, mais je suis à l'Unesco. » Le verdict a été sans appel : « Impossible. »

Alors qu'on attendait devant l'ascenseur, le Dalaï-Lama en personne en est sorti. On l'a suivi et, cette fois, les gardes nous ont laissés passer. Je me suis présenté au chef spirituel et on a partagé un thé. Quelqu'un de son entourage m'a dit que ce serait bien que je participe à d'autres manifestations de Son Altesse. Bien que cela ne se soit jamais concrétisé, le simple fait qu'il me l'ait suggéré m'a profondément touché.

Que je sois sur scène avec mon groupe ou invité en tant qu'envoyé spécial, le message de paix restait le même. Avant chacun de mes déplacements, Bernard informait systématiquement l'Unesco, et il n'hésitait pas à l'interroger sur la situation dans tel ou tel pays. En 1997, par exemple, je me suis trouvé à Beyrouth, au Liban, avec mes musiciens. Notre hôtel était entouré d'immeubles détruits, c'était particulier. Dans la nuit, on a entendu des explosions. Le lendemain, Bernard m'a confié qu'il s'était caché sous son lit, terrifié. Comme en Serbie, il s'agissait d'un simple feu d'artifice.

Grâce à l'Unesco, j'ai retrouvé mes sœurs en prenant part au concert qui a symbolisé un nouveau départ pour les Algériens. Le pays était en proie à une guerre civile, connue sous le nom de « décennie noire ». La peur régnait partout, et sortir était un acte risqué.

Le 5 juillet 1998, un immense concert a été programmé au stade du 5-Juillet-1962, à Alger. L'appréhension était telle que même des artistes connus hésitaient à y participer. Quand je les croisais sur des plateaux télé, je leur disais que c'était le moment où les Algériens avaient le plus besoin d'eux. J'ai sollicité l'Unesco pour me permettre de délivrer un bref discours devant une foule de 60 000 personnes.

On a été le premier groupe international à jouer en Algérie, dont les frontières avaient été fermées pendant sept ans. Mon neveu Nordine faisait partie du voyage, car il s'occupait de certains aspects logistiques de mes tournées. Il a été impressionné par l'envergure de l'escorte policière qui nous a conduits de l'aéroport jusqu'au Sofitel, lequel, ayant été réquisitionné, était entièrement vide, puis du Sofitel au stade. Tout le long du trajet, des voitures se trouvaient devant, derrière et sur les côtés de la nôtre, avec des policiers au corps à moitié passé par la vitre, les armes à la main. Les contrôles à l'entrée étaient tellement stricts que les spectateurs faisaient encore la queue dehors quand on a fini de jouer. Les Algériens étaient venus en nombre ; les gens osaient sortir en public pour la première fois. Mes sœurs Maria et Zoubida étaient là, ainsi que toute la famille. Les revoir après sept ans était bouleversant. Maria et son fils Nordine pleuraient de joie. De la soirée jusqu'au petit matin, une atmosphère de fête régnait. Malgré les ravages de la guerre, la vie reprenait le dessus.

Une fois de plus, mon destin m'a attrapé par surprise. À peine une semaine après le tragique 11 septembre 2001, un concert était prévu en Israël. Autant dire que mes musiciens ont annulé direct. J'y suis allé avec mon fils Redda, âgé de 21 ans, et mes neveux. On se produisait au festival Bereshit, à 30 kilomètres d'Haïfa. C'était un peu la Mosaïque gitane de la *world music*, créée par deux frères, Ron et Gili Tabatchnik. Cela se passait à Megiddo, l'un des plus importants sites archéologiques d'Israël où la bataille d'Armageddon, évoquée dans l'Apocalypse, aurait eu lieu. Dans ce contexte international, on aurait dit que le monde était au bord du gouffre. En plus des séquelles des attentats du 11 septembre, les violences liées à la Seconde Intifada avaient déjà endeuillé des dizaines de familles et blessé des centaines de personnes, marquant la résistance des Palestiniens face à l'occupation et à la colonisation.

Sur place, pas une trace de négativité. Nous avons joué le troisième et dernier jour du festival devant une foule de 15 000 personnes, des jeunes essentiellement, qui campaient dans des champs à perte de vue et qui ne demandaient qu'à vivre en paix avec leurs voisins palestiniens. Dans cette atmosphère chargée d'espoir, nous avons puisé dans l'âme gitane pour offrir toute notre énergie positive.

Pendant ce séjour, j'ai été interviewé par *Yediot Aharonot*, le quotidien le plus lu du pays. Pour la première fois, je m'épanchai sur Ahmed. La journaliste semblait bien connaître le sujet. Elle m'a raconté, par exemple, ce qui s'était passé à la piscine municipale, quand l'espionne Marianne Gladnikoff s'était approchée de mon frère et l'avait entendu parler français plutôt qu'arabe, comme Salameh aurait dû le faire, ce qui a insinué le doute dans l'esprit des agents les plus rodés. L'interview s'étalait sur cinq pages et a fait sensation.

Ce simple événement aurait suffi à rendre cette expérience inoubliable. Puis, au milieu de la foule de jeunes gens en chemise indienne, l'un d'eux s'est dirigé vers moi et s'est présenté : « Je m'appelle Gidi Rodan. Mon père travaillait pour le Mossad et a participé à l'arrestation du nazi Adolf Eichmann, en Argentine. Ma mère aussi était dans les services secrets, et se trouvait à Lillehammer. » J'étais stupéfait, et il a ajouté :

« Si le gouvernement israélien ne vous a pas présenté ses excuses, je tiens à le faire à titre personnel. » Ces paroles, Israël refusait de les prononcer depuis le 21 juillet 1973. Elles m'ont bouleversé.

Merci à l'Unesco de m'avoir permis de vivre tout cela ! Ce n'étaient pas juste des concerts, mais un rappel de notre humanité commune. C'est pourquoi je n'ai jamais cherché à me dédier à une cause spécifique. L'Unesco m'a souvent conduit au Moyen-Orient et en Afrique du Nord. Il y a eu une exception à Marseille, dans un quartier nord. J'ai participé à des soirées caritatives en faveur d'enfants défavorisés, dont une mémorable avec l'abbé Pierre, ainsi qu'à des galas pour promouvoir l'éducation des filles et des femmes en vue d'une plus grande justice sociale. Chaque fois que le téléphone sonnait, j'étais ravi de répondre présent.

Si, aujourd'hui, j'ai laissé ma place à d'autres envoyés pour la paix, je continue à soutenir les associations dès que possible, et je parcours le monde avec ma guitare en guise de bâton de pèlerin.

Parfois, je n'attends pas qu'on me sollicite. Quand le Maroc a été frappé par un séisme dévastateur le 8 septembre 2023, le plus puissant jamais enregistré par des stations sismiques dans l'histoire du pays, faisant près de 3 000 morts et plus du double de blessés, en sus de détruire des dizaines de milliers d'habitations, j'ai été vraiment touché. C'est le pays de mon père, où j'ai toujours des liens forts. De plus, ma compagne était sur place à ce moment-là. J'ai immédiatement pris l'initiative d'organiser une soirée pour récolter des dons au Patio de Camargue, ce lieu que j'ai créé à Arles, dédié à la culture gitane. Ma mission n'est peut-être plus officielle, mais elle reste plus personnelle que jamais.

13

Mon oasis

Me retrouver sur scène était le seul moment de la journée où j'étais bien. Peut-être parce que ça me ramenait à ma petite enfance quand ma mère chantonnait à voix basse le matin. L'énergie que je recevais du public me ressourçait. À peine les dernières notes du concert éteintes, les rumbas se dissipaient dans l'air et la réalité reprenait sa place, avec les menaces de Martinez, les factures d'avocat et les ragots propagés par les gitans. La scène était mon havre de paix. Bientôt, j'allais en construire un autre, bien réel, chez moi.

Chaque matin, de la fenêtre de ma salle de bains, je voyais un cheval blanc, semblable à ceux que j'avais l'habitude de monter lors de mes virées avec Patchai au mas de Cacharel. Ce cheval, malgré sa puissance, semblait souffrir. Il luttait à travers les ronces, peinant à avancer. En un sens, je me reconnaissais en lui. Plein de vitalité, mais confronté à des obstacles presque insurmontables. Un jour, j'en ai parlé à mon voisin. Il m'a dit qu'il ne pouvait rien faire, car le terrain appartenait aux chantiers navals de Barriol à côté, et il a ajouté : « De toute façon, ils veulent le vendre. »

L'idée d'acheter un terrain me titillait. Pourquoi pas, après tout ? La parcelle était à l'abandon, mais elle avait du charme. Seul souci : elle était accolée à une friche industrielle qui servait de décharge, et il fallait acheter le tout. J'avais toujours rêvé d'avoir un bout de terrain au bord de l'eau, et celui-ci donnait directement sur le Rhône.

À chaque visite chez le syndic, j'abordais le sujet, mais il esquivait mes propositions, jusqu'au jour où il a reçu une offre sérieuse d'un autre acheteur. J'ai sauté sur l'occasion et surenchéri. J'ai gagné ! En 1993, je suis devenu propriétaire, même si je n'avais pas un sou en poche. Heureusement, mes banquiers m'ont suivi, sachant que je prenais cette affaire très au sérieux.

Maintenant, par où commencer ? Mes frères, horrifiés devant l'étendue dévastée, m'ont conseillé d'annuler la vente. Plus tard, Robert Rameau m'a confié qu'il n'avait pas osé me dire qu'il avait lui aussi des doutes. Pour eux, je m'embarquais dans les douze travaux d'Hercule, mais ils ne voyaient pas le potentiel magique du terrain.

Un jour, en passant devant, j'ai remarqué que le portail avait été défoncé et que les camions du BTP continuaient leurs va-et-vient incessants. J'ai pris les devants, convoquant leur chef pour qu'on s'explique. Après une discussion tendue, j'ai consenti à ce qu'ils déchargent des gravats à condition qu'ils les passent au bulldozer pour niveler le sol. Nous avons scellé notre accord par une poignée de main.

Peu à peu, on y voyait plus clair. J'ai démoli les deux petites forges en ruine pour les remplacer par deux salles que je pourrais utiliser pour des événements : la Chapelle, construite d'après l'église de Notre-Dame-de-la-Mer aux Saintes-Maries, et la Maestrale, d'inspiration espagnole, flanquée d'une belle cheminée. Je n'avais toujours pas de plan précis en tête, et ça n'avait aucune importance : ce projet avait des vertus thérapeutiques sur moi. Là-bas, je pouvais m'évader de tous les tracas.

Une fois le terrain dégagé, j'ai commencé à planter des platanes dans cette oasis, et j'ai récupéré des pierres de l'ancien aqueduc romain du pont de Crau, dont une partie avait été démolie pour construire un rond-point dans les années 1990. Rien ne m'attire autant que les arbres et les vieilles pierres.

En moins de deux ans, l'ancienne décharge à ciel ouvert avait subi une transformation radicale. Elle ressemblait désormais à un mas typique de Camargue, offrant une vue imprenable sur le Rhône. La parcelle qui, autrefois, était envahie par les ronces, était maintenant un parking. On pouvait y garer sa voiture ou même son cheval.

Je me demandais toujours comment utiliser au mieux le Patio lorsqu'il a été inauguré en 1995. La directrice de la communication d'Elf, la célèbre société pétrolière installée à Fos-sur-Mer, était justement à la recherche d'un endroit pour accueillir ses salariés, soit 700 personnes au total, dont 200 enfants. Elle avait contacté Bernard Biglione pour organiser l'événement dans un mas, mais il lui avait parlé du Patio.

Elle est venue visiter le site en juillet, alors que les travaux n'étaient pas finis. Elle semblait enthousiaste, mais elle a exprimé des inquiétudes. « Je joue ma carrière sur cette soirée », m'a-t-elle dit. Nulle crainte, les travaux seraient terminés à temps. « Et s'il pleut ? Tout est à l'extérieur, et les deux salles ne pourront jamais accueillir les centaines d'invités. » Je lui ai alors montré un grand bâtiment un peu en retrait, qui servait de hangar aux chantiers navals. Je demanderais au directeur de nous le prêter. On est allés jeter un coup d'œil à l'intérieur : un vrai bazar ! Des carcasses de bateaux et de moteurs à perte de vue, des palans à chaînes qui pendaient de partout. Le sol était en terre battue et la toiture, percée. « C'est ça, la grande salle ? m'a-t-elle demandé, un peu effrayée. Et pour les attractions ? »

Avec les années que j'avais passées à jouer dans la région, je savais ce qui plairait au public. J'ai pris une feuille de papier et j'ai noté tout ce qui me venait à l'esprit, en me disant qu'elle en choisirait deux ou trois : des balades à cheval, en calèche, en VTT, en montgolfière, des jeux gonflables pour les enfants. Comme le Rhône était à proximité, j'y ai ajouté des activités aquatiques. En parcourant ma liste, la directrice de la communication a simplement dit : « D'accord. » Comment ça ? « Eh bien, je prends tout ! » Sur le moment, j'ai ressenti une petite pointe de panique. Où est-ce que j'allais bien pouvoir trouver une montgolfière ? Et un bateau ? J'ai serré la main de la directrice en gardant mon calme. « Aucun problème. »

Après tout, j'avais déjà monté un groupe de musique devenu célèbre et payé des amendes faramineuses ; me reconvertir en patron du *Plus Grand Cirque du monde* pour une soirée ne me faisait pas peur. J'ai passé des coups de fil pour les chevaux, demandé à mes neveux bricoleurs de construire un débarcadère pour les balades sur le Rhône, et nous sommes allés chercher une péniche à Saint-Gilles, à 20 kilomètres d'Arles. Dans la foulée, j'ai loué une montgolfière et des jeux gonflables. 3615 Chico !

Mais ce n'était rien comparé au chantier de la grande salle. On a dégagé les machines, posé du lino sur la terre battue, peint les murs en blanc. La mairie m'a prêté des tables pour le repas et une scène pour la partie musicale. Jean-Claude Demery, de Souleiado, m'a envoyé d'énormes rouleaux de tissu, chacun déroulant 80 mètres de matière, qu'on a utilisés pour dissimuler les trous dans le toit. À l'intérieur des trois salles, on a accroché des affiches anciennes de corrida pour ajouter une touche arlésienne à l'ambiance. Un traiteur nous a concocté un taureau à la broche que j'ai fait porter par des gitans accompagnés de chevaux. Le tout en musique. C'était la première soirée du Patio. J'avais désormais une nouvelle casquette : entrepreneur.

Après l'ouverture, Prosper Assouline m'a donné un sacré coup de main. Depuis que j'avais joué à son mariage, on était restés amis. Le publicitaire, célèbre dans le Tout-Paris pour avoir créé *Le Book*, une sorte de Pages jaunes de la pub, avait fondé avec son épouse Martine la maison d'édition Assouline, qui a révolutionné le secteur du livre en faisant de chacun de ses ouvrages un objet de luxe. Emballés par le Patio, sans que je leur demande quoi que ce soit, ils ont chargé leur graphiste de concevoir un beau dossier de présentation, dont ils m'ont envoyé une palette. Ça m'a été vraiment utile.

Comme lorsque je cherchais des dates pour Chico'Gipsy Kings puis pour Chico & the Gypsies, j'ai dû prévoir une programmation pour le Patio. Au début, j'organisais des soirées « grillades et musique », en plein air ou dans la Chapelle. Les gitans jouaient devant les tables. Ça avait du charme.

Et c'était assez artisanal. À plusieurs reprises, on s'est fait tirer les oreilles, notamment par les pompiers. Ils avaient réservé la grande salle, rebaptisée La Grange, pour la Sainte-Barbe, la fête des sapeurs-pompiers. L'un des chefs est venu la visiter et m'a gentiment indiqué que je n'étais pas aux normes. 3615 Chico ! En deux temps, trois mouvements, les problèmes de sécurité incendie étaient réglés. J'en ai profité pour remplacer le lino par du béton ciré et construire une scène. Les pompiers ont pu faire la fête en toute tranquillité.

Encore une fois, j'étais le patron par intermittence. Quand je partais en tournée, je déléguais et réglais les problèmes au retour, parfois même à distance. Un 31 décembre, alors que j'étais à Estoril, au Portugal, ma secrétaire m'a appelé à 19 heures, paniquée, pour me dire que personne ne trouvait le brasero géant pour les grillades. On n'était pas le Puy-du-Fou !

Et on était loin de le devenir. Ce que je voulais, ce n'était pas un parc d'attractions sans âme, mais partager ce que j'avais ressenti la première fois chez les Reyes, rue des Douaniers. J'ai donc décidé de dédier ce lieu à la culture gitane. Pour lui donner un aspect village, j'ai installé d'anciennes roulottes que j'ai par la suite transformées en gîtes. Bobby et Chaib mettaient la main à la pâte comme les autres membres de la tribu Bouchikhi. Marthe préparait de grandes paellas.

Le directeur des chantiers navals m'appréciait. Ayant passé toute sa carrière sur ce site, il avait vu comment je l'avais revitalisé. Avant son départ à la retraite, il m'a proposé d'acheter la grande salle. Une fois de plus, les banquiers m'ont soutenu.

Le Patio était comme une extension de Mosaïque gitane. Le festival n'a pas duré : après ma séparation des Gipsy Kings, lorsque le maire de Nîmes n'a plus voulu en entendre parler, j'ai décidé de ne pas abandonner et repris contact avec Jean-Pierre Camoin, le maire d'Arles. Celui qui avait initialement refusé de soutenir le projet a finalement accepté de le reprendre.

On a mis en place une belle programmation pour les éditions de 1994 et de 1995. En plus des ambiances tziganes, on a accueilli le Sénégalais Youssou N'Dour, la chanteuse berbère Houria Aïchi, le prodige du raï Khaled, ainsi que les Madrilènes Radio Tarifa et une

Nuit de la paix. Ce festival était un véritable pont entre l'Orient et l'Occident.

Durant l'été 1995, j'ai invité Michel Vauzelle, nouveau maire d'Arles, et Marie José Justamond, la cheville ouvrière du festival, à déjeuner, ainsi qu'un copain qui travaillait à l'Adami, l'organisme de gestion collective des droits pour les artistes interprètes. Au cours du repas, ce dernier se prend à rêver d'un festival qui s'appellerait le Sud des Suds.

Son idée n'a pas été balayée d'un revers de la main : en novembre, Marie Jo m'a annoncé qu'elle arrêtait pour monter un projet personnel. Je lui ai proposé de le faire dans le cadre du festival, mais tout était déjà en place : « Vauzelle me fait des appels du pied depuis notre déjeuner », m'a-t-elle dit. Vu mes déboires avec les Gipsy Kings, le maire et elle ne misaient pas beaucoup sur mon avenir, et ils avaient créé un nouveau festival dans mon dos : Les Suds.

La fine équipe ne s'est pas arrêtée là. Du jour au lendemain, je n'ai plus reçu que des factures au bureau. Ça m'a étonné. J'ai attrapé le facteur pour lui demander où passait le reste du courrier : « Je le dépose dans votre autre boîte aux lettres. » Mon autre boîte aux lettres ? « Oui, celle du festival Les Suds. » Non seulement l'équipe détournait ma correspondance, mais elle annonçait la création des Suds à tous mes contacts, sous-entendant qu'ils remplaçaient Mosaïque gitane.

En 1996, la première édition des Suds a eu lieu, avec une programmation digne de Mosaïque gitane : du flamenco, du raï, du ragga occitan… et, en prime, ma subvention. Surpris de ne pas recevoir l'aide du conseil général, j'en ai parlé au vice-président Claude Vulpian, qui s'est étonné. « Mais si, on t'a accordé la subvention. Les Suds, c'est bien toi ? »

Vauzelle m'a fait d'autres coups bas. Quand il venait au Patio, il demandait comment je faisais pour financer tout ça, comme si j'utilisais l'argent que j'avais prétendument dérobé aux Gipsy Kings, alors que j'avais retapé l'endroit à force d'ingéniosité et de travail de récupération.

Par une étrange coïncidence, j'ai été soumis à un contrôle sur la subvention du conseil général bien après qu'elle m'ait été retirée au profit des Suds. En tant que fondateur, je ne touchais pas un sou. Ma gestion était aussi impeccable que celle de la société Gipsy Kings.

En 1998, quand Vauzelle est devenu président de la région Paca, il a passé les rênes à son deuxième adjoint, Paolo Toeschi. Paolo et moi, on se connaissait de Griffeuille. Soudain, il ne répondait plus à mes demandes de rendez-vous. Un jour où je me suis retrouvé devant lui, servant d'intermédiaire pour des gitans, je lui ai demandé pourquoi je n'avais plus de nouvelles de sa part. Ses excuses étaient tellement faiblardes que je lui ai balancé : « J'en profite pour t'annoncer que je me présente à la mairie d'Arles aux prochaines élections. » Après tout, Coluche s'était bien présenté à la présidentielle, alors pourquoi pas moi aux municipales ?

Au début, j'étais motivé par le désir de vengeance, mais je me suis vite pris au jeu. Les élections de 2001 s'annonçaient mal pour Paolo. Il s'est déclaré candidat à sa réélection, sur une liste PS-PCF. Face à lui, le dissident Hervé Schiavetti, le premier adjoint vexé comme un pou que Vauzelle ne l'ait pas nommé pour lui succéder, sur une liste PS-PCF. Il y avait encore cinq candidats en lice : Jean Vernet (RPR-UDF-DL), Jean-Marie Scifo (Chasse, pêche, nature et traditions), Sonia Viterbi (Les Verts), Bruno Leclerc (Lutte ouvrière), et moi-même, sans étiquette.

J'ai mené une campagne des plus sérieuse pendant un an et demi. Avec ma casquette d'entrepreneur, j'ai montré qu'on pouvait convertir une décharge en lieu d'événementiel dans un quartier défavorisé comme Barriol. Mon slogan ? « La force d'être ensemble ». Mon programme ? Très simple : administrer cette ville en défendant l'intérêt de tous, en mettant en avant l'honnêteté, la passion, la persévérance. À la fin des années 1990, Arles était peu attractive pour les grandes entreprises, qui préféraient se tourner vers Marseille. Le monde de la culture ne venait qu'au moment des Rencontres de la photo. Il fallait changer ça.

J'ai loué un local et constitué une équipe diversifiée, et non pas exclusivement composée de gitans. En semaine, je distribuais des tracts dans les rues, et le week-end, je me rendais sur les marchés. Je ne ratais aucun des événements incontournables, que ce soit la cérémonie du 11-Novembre ou la fête de la Transhumance, avec ses milliers de brebis et de moutons défilant en ville, accompagnés de bergers vêtus de costumes traditionnels.

Partout, les gens m'accueillaient chaleureusement parce qu'ils me reconnaissaient. La presse nationale, intriguée par mon engagement, s'intéressait à ma campagne. Même les Renseignements généraux sont venus me rendre visite : « À qui donnerez-vous vos voix au deuxième tour ? » Ce à quoi j'ai répondu : « Et pourquoi je ne passerais pas ? »

Finalement, je ne suis pas passé. Le 11 mars 2001, j'ai obtenu 2,84 % des voix au premier tour. Le grand professionnel de la politique, Paolo Toeschi, a subi une défaite sévère avec 22,88 %, face au revanchard Hervé Schiavetti, qui a récolté 33,04 %. Il l'a emporté au second tour et a voulu me nommer adjoint. Pour Vauzelle, c'était hors de question ; il n'a jamais digéré que je me sois rebellé.

14

Tout vient à point à qui sait attendre

Cette scène du film *Plein Soleil* où Maurice Ronet se fait piquer son identité par Alain Delon, c'est mon quotidien depuis les années 1990. Mon imposteur est toutefois loin d'avoir le charisme de Delon, ni même le mien. Il se pavane en prétendant avoir fondé les Gipsy Kings, être un messager de l'Unesco, et traverse le monde avec son groupe de gitans : Chico Castillo est son nom de scène, mais, dans la vraie vie, il répond au nom de José Agustín Luis Castillo. Et c'est du grand cinéma.

Ça a commencé avec des pubs annonçant des concerts de mon groupe, sauf que je n'en étais pas à l'origine. Puis, il y a eu des interviews à la radio, il se faisait passer pour moi. En 1998, ce champion de la contrefaçon a eu droit à sa première médaille : une condamnation. Mais ça n'a pas suffi à le calmer. S'il est né en France, il vit en Espagne où il se comporte comme s'il avait tous les droits ; par exemple, celui de laisser des notes impayées à mon nom dans des restos ou des hôtels. Lors de soirées privées, quand mes amis demandaient où j'étais, il me disait cloué au lit par la grippe, et annonçait devoir me remplacer.

À force de jouer au sosie, il a réussi à berner un public crédule. Cependant, ça n'a pas toujours fonctionné. En 2009, à Miami, il a éveillé les soupçons du journaliste Romel Martinez, du magazine latino *TvNotas*, lorsqu'il a nié être marié à Marthe Reyes. Martinez, flairant l'arnaque, a mené l'enquête et publié un article fracassant. Ensuite, *Aquí y Ahora*, le magazine d'info sur Univision, le plus grand réseau de chaînes hispanophones aux États-Unis, s'est penché sur l'affaire. Je me suis rendu sur place pour organiser une conférence de presse, déposer plainte et donner un concert afin d'enfoncer le clou.

Mais mon sosie a la tête dure. Le 14 juillet 2011, SOS Racisme tenait devant la tour Eiffel un concert géant devant plus d'un million de personnes. Le voilà au milieu de la dizaine d'artistes invités, chantant « Djobi, Djoba ». Un an plus tard, il récidive : quand je décide de fêter les vingt ans de mon groupe à L'Olympia, Castillo a déjà réservé la salle, et son nom apparaît en gros sur l'affiche, en lettres rouges, au-dessus de « Gipsy Fusion ». Décidément, l'imposteur va finir par voler la vedette au héros !

« Chico Castillo le Gypsy » a été condamné une deuxième fois en 2014, avec l'interdiction d'usurper mon identité. Cela n'empêche pas ce plaisantin de raconter à la presse que les Gipsy Kings ne se réuniront jamais, et d'ajouter plus de confusion à son identité déjà floue sur son compte Instagram. On se croirait dans une parodie de télénovela.

Deux fois, il m'a causé de gros ennuis. Lorsqu'un gars est venu me voir au Patio, très énervé, prétendant m'avoir versé des milliers d'euros pour sa fille et me demandant pourquoi je n'avais rien fait pour elle. Et quand mon sosie s'est improvisé mentor pour une chanteuse, lui faisant miroiter le même succès que celui des Gipsy Kings. Toujours prêt à jouer de ces tours, ce Castillo.

Il scrute le moindre de mes mouvements. Il a même réussi à se glisser dans un gala de charité de l'Unesco en se faisant passer pour moi, et il a eu droit à sa médaille comme les autres invités. Maintenant, il la brandit fièrement, prétendant que cette distinction lui a été attribuée lors de sa nomination fictive.

Je me suis retrouvé face à lui une seule fois. Aux Saintes-Maries de la Mer, alors que je tournais un reportage pour une émission de Franz-Olivier Giesbert, la journaliste voulait filmer quelques plans à l'intérieur de l'église de Notre-Dame-de-la-Mer, qui rassemble des milliers de fidèles lors du pèlerinage. J'attendais dans un coin, tenant le trépied de la caméra, pendant qu'elle s'affairait, quand un homme massif est entré. Dès que je l'ai vu, j'ai su que c'était lui. Un caméraman le suivait, le micro tendu. Tandis que je m'approchais, j'ai senti qu'il me reconnaissait. Dans ce lieu saint, je n'allais pas me jeter sur lui comme un lion. « Viens, on va dehors pour discuter », lui ai-je dit. Il a d'abord refusé, puis a fini par accepter. À l'extérieur, il s'est mis à débiter ses accusations, prétendant que la presse le faisait passer pour moi. Avant même qu'il ait pu achever sa tirade, je lui ai balancé deux gifles cinglantes, et il a détalé comme un lapin effrayé. Ça ne l'a toutefois pas empêché de continuer à semer la zizanie…

Depuis que les tribunaux m'ont privé de l'usage du nom des Gipsy Kings, j'ai respecté cette injonction scrupuleusement. Et si j'ai tâtonné au début pour trouver des dates avec mon nouveau groupe, les demandes ont commencé à affluer dans les années 2000. Entre les concerts et les soirées privées, on a trouvé un bon rythme. De temps en temps, on avait la chance de se produire dans des contextes incroyables, comme au carnaval de Patras en Grèce devant une foule de 50 000 personnes. On a parcouru l'Europe et la planète entière, de l'Afrique du Sud au Japon, en passant par les pays de l'ex-URSS, qui avaient soif de rumbas gitanes. On a joué sous la neige, le vent ou la pluie, en période de guerre ou en pleine vague d'attentats, sur des terres saintes et moins saintes. Une fois, Sting a voulu nous emmener en tournée, mais les termes de son contrat étaient si contraignants que j'ai préféré décliner.

Heureusement, j'ai toujours bénéficié de la confiance des promoteurs de concerts ; ils savaient qu'ils pouvaient compter sur moi. Si l'un de mes musiciens ne pouvait pas venir, je trouvais rapidement un remplaçant. L'important est d'être fiable.

Dans notre équipe, il n'y avait pas que des guitaristes ; on était une dizaine de personnes en tout, incluant la section rythmique, les techniciens son et lumière et, bien sûr, Bernard Biglione. Même avec peu de moyens, j'ai toujours attaché une grande importance à la présentation. Comme à l'époque de Saint-Tropez, je m'assurais que tout soit impeccable. Pendant des années, en plus de ma guitare et de ma valise, j'ai trimballé un fer à repasser et une grande housse remplie de chemises pour les distribuer à chaque musicien avant le concert.

Avec le temps, j'ai continué à me perfectionner ; j'ai appris de mes erreurs avec les Gipsy Kings, je suis devenu expert en matière de protection des droits d'auteur, et j'ai développé un sens de la relativisation à faire pâlir d'envie les plus grands philosophes. Pas les gitans. Voyager avec eux était toujours aussi difficile que du temps des Reyes et des Baliardo. Leur tête enflait avec l'argent. Un jour, pendant le trajet en avion de Dubaï en Amérique du Sud, Kiko, notre chanteur, a commencé à faire des histoires. *Ciao Kiko !* Puis son remplaçant, Manolo, qui paniquait à chaque vol à cause de sa claustrophobie, a claqué la porte après vingt ans de service : en réalité, il manigançait dans mon dos pour monter un groupe avec Biglione, une sorte de « Manolo et les Gypsies ». *Ciao*, Manolo et *adiós*, Bernard ! Kema, le petit-fils de Manitas que j'avais engagé alors qu'il jouait dans un restaurant aux Saintes-Maries, s'est pris pour une rock star. *Bye-bye*, Kema ! Au revoir, Joseph Gautier ! et Kassaka Deleria ! Les gitans sont de bons musiciens, parfois formidables, mais le talent ne suffit pas : il faut être respectueux.

En voyage, ils étaient comme leurs aînés : ils dilapidaient leurs cachets en frais de téléphone car ils passaient des heures au bout du fil avec leur famille : est-ce que la voiture est toujours en bon état ? Le pneu avant est-il bien gonflé ? Comment vont les enfants ? et les cousins ? et toi, comment ça va ? Puis ils pleuraient, déchirés par le mal du pays, mais certains trouvaient du réconfort le soir venu avec les groupies. Pour la promo, c'était un enfer : comme jouer sur les plateaux n'était pas rémunéré, il fallait batailler pour les emmener aux émissions télé.

Aujourd'hui, les jeunes sont différents. Ils n'ont plus peur de voyager et sont plutôt sains d'esprit, bien que flambeurs, et reconnaissants, bien qu'il y ait encore quelques cas sociaux. Les smartphones ont changé la donne pour rester en contact avec Arles et Montpellier.

Ces derniers temps, j'ai eu deux prodiges dans mon groupe : Jean-Claude « Mounin » Villa, que j'ai vu grandir et dont j'ai suivi l'évolution chaque année aux Saintes-Maries avant de l'engager. Son père, Joseph « Chabo » Vila, était le gendre et l'accompagnateur numéro un de Manitas. Mounin possède le même don que Nicolas Reyes : quand il chante avec sa belle voix rauque, c'est comme si tout un peuple s'exprimait à travers lui. Malheureusement, il vient de claquer la porte, débauché par la concurrence, sans même prendre la peine de me dire au revoir. Mais qu'importe, Chico &

the Gypsies continue son chemin avec la même détermination. Ensuite, il y a José Reyes, le fils de Poulette, l'une de mes dernières recrues. Il a hérité du talent de son grand-père, José. Il apporte une énergie et une sensibilité uniques. Je suis fier de l'avoir avec moi.

Parmi les musiciens fidèles depuis le début, seul Rey, qui a les mêmes mimiques que son père, Hippolyte Baliardo, me vient à l'esprit. Bien qu'il n'ait pas fait partie du groupe pendant très longtemps, je lui porte beaucoup d'affection, et c'est un excellent musicien.

Présenter sur le devant de la scène des pépites musicales qui font vibrer le cœur est mon plaisir. Je conserve ce métier pour cette raison, malgré les caprices des gitans et leur caractère ingérable. Et si on peut en mettre plein les yeux, pourquoi se priver ? À Mosaïque gitane, j'avais convié trente guitaristes sur scène, puis j'ai remis ça avec cinquante autres à L'Olympia et aux arènes d'Arles. Plus grandiose encore : lorsque, avec mon groupe, j'ai eu l'opportunité de jouer aux côtés d'un orchestre symphonique.

C'était dans le cadre de « Night of the Proms », une série de concerts inspirés du plus grand festival de musique du monde à Londres. Lors de chaque édition, l'orchestre symphonique Il Novecento, dirigé par Robert Groslot, joue la musique de ses invités. Il y a eu Andrea Bocelli, James Brown, Sting… et Chico & the Gypsies en 2005, ainsi que lors des deux éditions suivantes. On s'est baladés dans toute l'Europe et on a joué dans des salles immenses.

Les albums se sont accumulés. Avec une belle collection de disques dédiés à la rumba flamenca, je me suis dit qu'il était temps d'explorer de nouveaux horizons. Alors j'ai sorti un album en hommage à Charles Aznavour. Puis on a ouvert nos portes à une palette d'artistes venus du monde entier, comme Billy Paul et Kassav, et on a revisité les tubes des années 1980 à notre manière. Ma passion pour la musique orientale n'a cessé de grandir.

Chaque fois que j'écoutais ces mélodies, je ne pouvais m'empêcher de penser à ma mère, emportée en 2008 par la maladie. C'était comme si chaque note était un baume apaisant sur la douleur et le vide laissés par son départ. Dans ces moments-là, je me sentais proche d'elle.

Diminuée par un AVC pendant ses dernières années, elle a toujours été entourée de sa famille. J'avais engagé une femme marocaine pour veiller sur elle et lui parler dans sa langue maternelle. Bien qu'elle ait passé plus de temps en France qu'en Algérie, ma mère avait la nostalgie des exilés et portait une mélancolie dont j'ai hérité.

Comme mon père, disparu quatorze ans auparavant, elle repose à Hennaya. Contrairement aux cimetières français, il n'est pas possible de choisir sa place dans un cimetière musulman, et il n'y a pas de caveau familial. Une même famille peut être inhumée aux quatre coins du même lieu. Mes parents sont une exception ; une place s'est libérée juste à côté de mon père. Dans le rite musulman, le corps du défunt est lavé trois fois, parfumé, puis enveloppé dans un linceul blanc avant d'être orienté en direction de La Mecque et enseveli sous la terre. Ainsi, ces deux êtres mystiques sont à jamais réunis.

Chaque fois que la vie m'a arraché un être cher, elle m'a aussi apporté de belles surprises. En 2004, elle m'a offert le cadeau inattendu d'un cinquième enfant, Mario, né d'une autre femme que Marthe. Dès son plus jeune âge, il a baigné dans la musique. À l'adolescence, Mario a formé le groupe The New Gypsies avec mon petit-fils, Tambo, et deux de leurs cousins. Pour leur premier album, ils ont fait appel à Nazim Khaled, qui a signé les tubes « Andalouse » et « Les yeux de la mama » du chanteur et guitariste Kendji Girac. Ils ont rayonné à Nîmes. Mario vient tout juste d'intégrer mon groupe.

Mes autres enfants, Redda, Tonino et Myriam, sont aussi musiciens. Quant à Sonia, elle a mis de côté sa guitare pour élever ses enfants, mais j'espère qu'elle montera de nouveau sur scène, car une chanteuse gitane aussi talentueuse est rare. Même mes onze petits-enfants se sont laissé emporter par la fièvre des cordes. Parmi eux, les trois derniers, Vito, Chico et Pepino, font des ravages sur les réseaux sociaux. Les Gipsy Princes vont faire du bruit !

Et il y a mes neveux, Samir et Medhi, les fils de Zoubida, qui ont monté Triana d'Alger, en 1993. Ils ont eu cette belle idée de mélanger le flamenco et la rumba gitane avec les instruments traditionnels algériens, et ils se sont imposés sur la scène artistique en Algérie.

La musique est une seconde nature chez nous. Nous sommes une mosaïque. Mes enfants sont tous mariés à des gitans. Bien que j'aie été peu présent pour eux durant leur petite enfance, trop occupé à jongler avec les concerts, les crédits, les condamnations et les frais d'avocat pour joindre les deux bouts, je fais désormais de mon mieux pour me rattraper, pour être là pour eux. On apprend en marchant, même si parfois on trébuche.

Aujourd'hui, Tonino a pris les rênes du Patio qui, comme la famille, continue de s'agrandir. Plus le temps passe, plus cet endroit prend du charme. Le régisseur du Monte-Carlo Sporting m'a fait parvenir un camion rempli d'objets de décoration dont il n'avait plus besoin. Un autre ami m'a envoyé de superbes lanternes en fer forgé tout droit du Maroc. Et nous avons couvert les murs de grandes peintures.

Tous les Bouchikhi ont été de l'aventure, de Bobby à Rachida, en passant par mes enfants et mes neveux. Chaib, par exemple, réveille le Patio en jouant de la musique provençale sur sa guitare lorsque nous recevons des invités. Et Marthe, suivant les pas de Clémentine, est la reine incontestée de la paella. Entre cette effervescence familiale et la récup' ingénieuse, le Patio a pris vie de manière extraordinaire, et c'est un endroit dont l'atmosphère est chargée d'une énergie unique. Désormais, une guinguette donne sur le Rhône, et La Grange est devenue un lieu vibrant où je me produis une fois par mois, sans avoir à faire de pub. C'est génial de voir que le public reste fidèle.

Une ombre persiste cependant. Des tempêtes n'ont cessé de secouer les Gipsy Kings. Je ne peux oublier leur acharnement et leur indifférence à mon sort, à celui de Marthe et de mes enfants. Mais je sais qu'ils ont été particulièrement maltraités.

Dès que j'ai été écarté, Mattei a pris les rênes du pouvoir, sous la direction de Martinez, et a réintégré Patchai et Canut dans le groupe. Nicolas, dont la voix donnait des frissons au public, s'est retrouvé éclipsé par ses frères qui ne lui arrivaient pas à la cheville.

La période de Mattei a été brève. Au bout d'un an, il a été évincé. Sa gestion des affaires l'a rattrapé en 2003 alors qu'il était rédacteur en chef au journal *France Soir*. Après avoir été arrêté à son retour d'un voyage au Maroc, il a été emprisonné pendant deux mois. Condamné par contumace lors d'un premier procès, il s'est vu acquitté lors d'un second. Il est décédé en 2020.

Martinez, quant à lui, a été mis hors jeu en 2002. Après une pression soutenue de mes avocats, il a fini par me verser l'argent qu'il me devait. Cette somme a vite fondu pour éponger les amendes, les frais juridiques et les emprunts immobiliers. Trois ans plus tard, sa société a fait naufrage avec une liquidation judiciaire.

Dans les six années qui ont suivi, Pascal Imbert, en charge des tournées américaines, a pris les commandes. Il aurait manœuvré les gitans contre Martinez et aurait accusé ce dernier de vol. En prime, il a mis la main sur le catalogue des Gipsy Kings. Nous n'avons compris cela que lorsqu'il était déjà trop tard.

Tornare aussi a mal tourné. Poursuivi par la justice genevoise, il a été arrêté aux Bahamas puis transféré aux États-Unis avant d'être extradé en Suisse, où il a été condamné à cinq ans de réclusion pour abus de confiance et faux dans les titres. En 2016, il a été accusé d'avoir détourné plusieurs centaines de milliers de francs suisses au détriment d'une septuagénaire et condamné pour escroquerie et abus de faiblesse. Il a été renvoyé en prison.

Le drame des Gipsy Kings est qu'ils ont été entourés de quelques charognards. Malgré leur nature indomptable, ils ont été cruellement exploités. En 2014, Nicolas et Tonino ont nettoyé les écuries en écartant leurs frères. Puis, sept ans plus tard, ils se sont séparés. Par décision de justice, ils sont les seuls à pouvoir se revendiquer Gipsy Kings quand ils jouent ensemble.

C'est douloureux de voir ce groupe que j'ai tant aimé évoluer ainsi. Après mon départ, les gitans se sont retrouvés sans personne pour les protéger. Ayant laissé notre catalogue entre les mains d'Imbert, parce que le liquidateur ne nous a pas tenus informés à temps comme il aurait dû le faire, nous avons laissé notre héritage nous échapper.

En outre, la santé des gitans se détériore. À force de fumer comme des pompiers, de boire du café en continu et de flamber leur argent, beaucoup ont tout perdu et ont fini par se retrouver à ma porte. Malgré les crasses qu'ils m'ont faites, je ne pouvais pas les laisser dans cet état.

Un jour, Canut n'a plus pu marcher à cause de ses artères bouchées, et les impôts lui ont tout saisi. Ça m'a vraiment touché, alors je l'ai pris dans mon groupe. On a commencé par l'emmener faire la tournée des médecins pour qu'il reprenne du poil de la bête. Quand je l'ai intégré dans le groupe, j'ai refusé de réduire les salaires des autres ; j'ai donc baissé le mien. Ensuite, je lui ai trouvé une maison. Une fois sur scène, il était de nouveau lui-même. Puis il y a eu Poulette, l'aîné. Lui aussi était à bout. Allez hop, dans le groupe ! Puis, Patchai, se remettant d'un cancer. Et hop !

En 2017 et 2018, on a donné des concerts sous le nom de Chico & the Gypsies, avec d'anciens membres des Gipsy Kings. J'ai contacté Nicolas et Tonino pour voir si on pouvait monter un projet commun avec leurs frères, mais ils nous ont attaqués pour concurrence déloyale, et on a perdu. Peu après, les frères Reyes m'ont quitté sans explications.

Marthe aussi a eu sa part de tourments. Après notre séparation, ses belles-sœurs l'emmenaient au casino pour lui changer les idées. Elle est devenue accro aux jeux et a fini par se faire interdire de casino et par développer des soucis de santé. La perte de Clémentine, en 2005, l'a profondément affectée. Heureusement, ces dernières années ont été un tournant pour elle. Depuis qu'elle a découvert sa vocation d'évangéliste, elle a trouvé une nouvelle direction dans sa vie. Malgré nos hauts et nos bas, elle restera toujours ma plus grande histoire d'amour.

Parmi ceux qui ont été mes phares dans la nuit, il y a Robert Rameau. Dès notre arrivée au Moorea, il nous a accueillis les bras ouverts. Il a été comme un deuxième père pour moi. Comme il n'avait pas de famille, il s'est tout simplement joint à la nôtre. Sans lui, l'histoire des Gipsy Kings aurait été bien différente. Le terrain qu'il nous prêtait chaque été était un havre de paix où notre tribu pouvait se ressourcer. Et cela me permettait de partir à la conquête de nouveaux contrats sans être freiné par les soucis financiers. À la fin de sa vie, ses associés n'avaient pas été très corrects avec lui et ça l'avait rendu amer. Connaissant sa passion pour la Camargue, je l'invitais chaque année à passer quelques semaines chez moi. Il restait toujours aussi gentil, fidèle à lui-même jusqu'au bout. Il nous a quittés en 2012.

Un autre fidèle est Charles Aznavour. On se connaissait depuis Saint-Tropez, on s'est côtoyés aux galas de l'Unesco. Notre amitié s'est renforcée à partir de 2015. On se voyait jusqu'à trois fois par semaine, au Bistrot de Marie, à Saint-Rémy-de-Provence.

Charles pouvait être très dur avec les musiciens, mais quand il vous aimait, il vous faisait totalement confiance. Ce qui m'amusait le plus, c'était d'aller flâner avec lui chez les antiquaires de L'Isle-sur-la-Sorgue. Il se demandait toujours quelle était l'histoire de chaque objet. Il m'appelait pour tout et n'importe quoi, que ce soit pour aller chez Ikea ou pour l'accompagner en Tunisie, inaugurer une chaîne de télévision. Quand il recevait chez lui, sa sieste était sacrée. Il disait toujours : « Je vais travailler. » Parfois, je l'invitais à des soirées privées que j'animais. Je me souviens d'un anniversaire dans les Pyrénées-Orientales, où j'ai amené une vingtaine de musiciens. Les gens ne le croyaient pas quand on leur disait qu'Aznavour allait peut-être venir, et il est venu.

La bonne chère tenait une grande place dans sa vie. Comme je savais qu'il aimait les huîtres, je l'ai invité dans la région de Mèze où j'avais un ami ostréiculteur. Celui-ci nous a emmenés sur son bateau pour tirer les huîtres, nous expliquant son travail en détail. Charles le regardait avec des yeux émerveillés.

Il est venu plusieurs fois au Patio. Il s'y sentait comme chez lui. Charles aimait aussi recevoir. Chaque année, il invitait ses amis à célébrer l'olivade, marquant la fin de la récolte des olives. C'était un grand repas avec du bon vin, des légumes de son jardin et, bien sûr, de la musique gitane. Je pense que, dans ces moments-là, il retrouvait l'ambiance du restaurant Le Caucase, dans le Ve arrondissement de Paris, tenu par son père Micha Aznavourian, ancien baryton, qui chantait pour les exilés d'Europe de l'Est. Il avait grandi dans cette atmosphère avec sa sœur aînée, Aïda.

Charles adorait ses oliviers. Il pouvait en parler pendant des heures, et en extrayait une huile qu'il vendait et qu'on trouvait dans les meilleurs restaurants. J'ai moi-même planté une oliveraie chez moi. Je pense à lui chaque fois que je mange mes olives. Ces dernières années, mes arbres ont donné de si beaux fruits que j'ai pu les mettre en bouteille.

Ces moments de paix et de réconfort, je les savoure auprès de ma famille lorsqu'on se réunit, et parfois avec mon groupe lorsqu'on fait la tournée des églises à Noël.

J'ai toujours été à l'aise dans les lieux saints. Cela doit venir de mes parents, et peut-être aussi d'Ahmed. Le blues qu'il aimait tant trouve ses racines dans le gospel.

Lorsque j'étais allé à New York pour la première fois au début des années 1980 afin d'animer une soirée avec Nicolas et Tonino, j'avais demandé à un copain américain de nous emmener assister à une messe gospel. Je voulais vivre cette expérience au moins une fois dans ma vie. Nous voilà, trois petits Arlésiens dans une église afro-américaine de Brooklyn, plongés au milieu d'une congrégation qui réagit à chaque mot du sermon du pasteur, puis qui chante et tape des mains. On n'a pas compris un mot du sermon, mais on a ressenti l'émotion et la ferveur. Cette expérience m'a marqué à jamais. Lors de nos concerts dans les églises, j'essaie de la transmettre, à ma manière. Dans ceux des Gipsy Kings aussi, il y avait une énergie folle. Nicolas et Tonino étaient impressionnants, avec leur puissance et leur côté spirituel. Ils vous prenaient aux tripes.

Depuis leur séparation, ce n'est pas seulement la fin du plus grand duo de ces dernières décennies, c'est le Far West chez les gitans. Aujourd'hui, pas moins de cinq groupes formés par d'anciens membres se présentent sous le nom « Gipsy Kings » : Gipsy Kings by Diego Baliardo, Gipsy Kings by Paco Baliardo, Gipsy Kings featuring Tonino Baliardo, Gipsy Kings by André Reyes, Gipsy Kings by Patchai Reyes. Une vraie ruée vers l'or où chacun veut sa part du gâteau. Certains vont même jusqu'à annoncer des concerts des Gipsy Kings tout court et utilisent des photos vieilles de trente-cinq ans sur lesquelles j'apparais.

Non seulement ils cassent le marché, mais ils trompent le public. C'est le comble de voir André Reyes se vanter d'être cofondateur du groupe alors qu'il n'avait que 14 ans quand on a enregistré « Djobi, Djoba » en 1981. Ou lorsque Mickaël Baliardo, le fils de Tonino, se produit à l'étranger sous le nom « Gipsy Kings », sans la présence de son paternel. Ou quand Diego envoie son petit-fils prendre sa place sur scène. Si les enfants de Paul McCartney ou les neveux de Ringo Starr prétendaient être les Beatles, on en ferait tout un plat. Mais, chez les gitans, tout est permis.

La situation vire au grotesque quand on comprend que j'ai été traîné devant les tribunaux pour une accusation de concurrence déloyale. Le juge avait estimé que la dénomination « Chico'Gipsy Kings » portait gravement atteinte au groupe. Pour ajouter à l'absurdité, Chico Castillo a partagé la scène avec André Reyes pendant deux ans. Il y en a au moins un qui se régale de cette mascarade.

Bientôt, ce ne sont pas cinq, mais vingt groupes qui se disputeront ce nom si les petits-fils prennent la relève et s'approprient la marque Gipsy Kings. Face à cette invasion, j'ai décidé d'agir : début 2024, je les ai tous assignés en justice pour concurrence déloyale, et je compte leur interdire l'utilisation abusive de cette appellation. Contre toute attente, cette démarche m'a permis de renouer avec Nicolas. L'affaire suit son cours.

Nicolas et moi avons en effet repris contact grâce à l'entremise de son manager, Michel Crupel, et avons décidé de nous rencontrer en secret à Nîmes pour discuter. J'avais réservé une salle dans un hôtel pour que nous soyons tranquilles. Dès notre arrivée, on a croisé Philippe Corti, le premier DJ à avoir programmé notre musique dans des boîtes de nuit et des bodegas dans les années 1980. Ça a dû être un choc pour lui de nous voir. On s'est serrés dans les bras l'un de l'autre. Une fois installés, Nicolas et moi sommes convenus de ne pas parler du passé. Le moment était venu de construire, pas de remuer de vieilles blessures. Tonino, trop grippé pour se joindre à nous, nous suivait en visio sur son smartphone. « Vous voir ensemble, c'est comme lorsque vous êtes venus me chercher à Montpellier », a-t-il dit, très ému.

C'était la première fois que je voyais un Nicolas aussi apaisé. Ça faisait longtemps que nous ne nous étions pas retrouvés et ça m'a fait plaisir. Comme avec Toril lorsqu'elle est venue à Arles, il est difficile de se dire les choses entre personnes pudiques. Tout se joue dans les regards complices et les clins d'œil. Et il y en a eu.

Puis, j'ai retrouvé la même sérénité avec son épouse, Nadia. Pourtant, au fil des ans, on n'a pas échangé que des gentillesses. Notre engagement envers ce groupe est ce qui nous réunit. On connaît sa valeur et son histoire. Nous sommes donc convenus de régler l'affaire des imposteurs ensemble. Puis, la conversation a dévié vers Saint-Tropez. « Les plus belles années de ma vie », répétait Nicolas, avec une pointe de nostalgie dans la voix.

On a commencé à se parler régulièrement au téléphone. Nicolas, Nadia et moi, on a passé une journée ensemble, avec nos enfants. Marthe était aux anges. L'idée d'une réconciliation semblait si lointaine. Elle se concrétisait enfin. C'est ce que j'avais toujours souhaité. À l'Unesco, je prêchais le pardon et l'entente, mais à Arles, c'était la guerre ouverte.

Fin mars, Nadia m'a convié au Royal Albert Hall, à Londres, pour assister au concert de Nicolas. « Ce sera une surprise ! » m'a-t-elle confié, enthousiaste. Me voilà dans cette salle mythique où je n'avais pas mis les pieds depuis le concert des Gipsy Kings en 1989. C'était aussi la première fois que je voyais, en tant que spectateur, Nicolas sur scène.

Sa voix n'avait rien perdu de sa profondeur. Le groupe a interprété notre répertoire de tubes, en apportant sa touche, notamment ces accents de salsa qu'aime tant Nicolas. Dès les premières notes de « Djobi, Djoba » ou de « Bem Bem Maria », les cinq mille spectateurs ont sauté de leur siège pour danser. Lorsque Nicolas a chanté *a cappella* « Comme d'habitude » en rappel, j'ai eu des frissons. Les Gipsy Kings devraient se produire uniquement dans les salles les plus prestigieuses, pas pour le plus offrant, comme le font les Gipsy imposteurs.

Après le concert, j'ai retrouvé mon petit frère en coulisses. Nadia et ses enfants étaient également présents, ce qui rendait nos retrouvailles d'autant plus chaleureuses. Romain Delnaud, mon business manager, a pris une photo de nous deux, immortalisant ce moment de complicité retrouvée. Une note finale parfaite après un concert mémorable.

L'aventure des Gipsy Kings est loin d'être finie. Nicolas et moi, on l'a commencée ensemble, et on compte désormais la continuer main dans la main, peu importent les obstacles. C'est ce qui rend cette histoire si palpitante !

Remerciements

À Noëlle Meimaroglou, pour avoir lancé ce projet aux éditions Robert Laffont, et à Ivanne Robineau, pour sa lecture à la fois critique et bienveillante.

À Zoubida Bentayeb, Maria Rabani, Rachida Benedine, Bobby Bouchikhi, Chaib Bouchikhi, Marthe Reyes, Redda Bouchikhi, Tonino Bouchikhi, Myriam Bouchikhi, Sonia Bouchikhi, Mario Cerviole, Aze Benedine, Nordine Rabani, Nicolas Reyes.

Patrice Angosto, Michel Bar-Zohar, Claire Brard, Vincent Bertomeu, Bernard Biglione, Jean-Claude Chamoux, Philippe Chapuis, Stéphane Clavier, Michel Crupel, Romain Delnaud, Christiane Fabre, Stanley Gorsse, Stéphane Hohl, Henriette Huber, Jacky de Marrakech, Alice de Jenlis, Nathalie Laudon, Ruedi Ledermann, Claude Lelouch, Béatrice Mangin, Maripol, Federico Mayor Zaragoza, Renée Orio, Gérard Prévost, François Roboth, Katia Samson, Vincent Scali, Robert Singerman,

Gili Tabatchnik, Ron Tabatchnik, Jacek Wozniak, pour nous avoir confié leurs souvenirs.

Isabelle Gendre, pour son amitié.

Et Brigitte Bardot, pour sa fidélité sans faille.

TABLE

Ce livre existe grâce au travail de toute une équipe.

Communication : Caroline Babulle, Solveig de Plunkett, Victoire Brulon, Inès Paulin, Adélaïde Yvert.

Coordination administrative : Martine Rivierre.

Studio : Pascaline Bressan, Barbara Cassouto-Lhenry, Joël Renaudat.

Fabrication : Muriel Le Ménez, Céline Ducournau, Bernadette Cristini, Sophia Paroussoglou, Isabelle Goulhot.

Commercial, relation libraires et marketing : Catherine Lauprêtre, Naïma Ruan, Anne-Laure Heugel, Élise Iwasinta, Armand Jamme, Julie Audouard, Joséphine Saint-Paul, Aurélie Scart.

Cessions de droits : Elisabeth Stempak, Benita Edzard, Lucile Besse, Sonia Guerreiro, Costanza Corri.

Gestion : Sophie Veisseyre, Isabelle Déxès.

Services auteurs : Viviane Ouadenni, Jean-François Rechtman, Catherine Reimbold, Anita Sevenant.

Ainsi qu'à toutes les équipes d'Interforum et d'Editis qui participent à la création, la diffusion et la distribution de ce livre.

Canoros Vehit Canentes

#lisez! engagé
www.lisez.com
Pour plus d'information :
Imprimé sur du papier issu de forêts gérées durablement.

CET OUVRAGE
A ÉTÉ ACHEVÉ D'IMPRIMER
SUR ROTO-PAGE
PAR L'IMPRIMERIE FLOCH
À MAYENNE EN OCTOBRE 2024

N° d'édition : 67773/01 – N° d'impression : 105525
Imprimé en France